La culture
expliquée à ma fille

DANS LA MÊME COLLECTION

Tahar Ben Jelloun
Le Racisme expliqué à ma fille
1998 ; nouvelle édition 1999

Régis Debray
La République expliquée à ma fille
1998

Max Gallo
L'Amour de la France expliqué à mon fils
1999

Sami Naïr
L'Immigration expliquée à ma fille
1999

Jacques Duquesne
Dieu expliqué à mes petits-enfants
1999

Jean Ziegler
La Faim dans le monde expliquée à mon fils
1999

Annette Wieviorka
Auschwitz expliqué à ma fille
1999

Lucie Aubrac
La Résistance expliquée à mes petits-enfants
2000

Jacques Sémelin
La Non-violence expliquée à mes filles
2000

Nicole Bacharan et Dominique Simonnet
L'Amour expliqué à nos enfants
2000

A paraître

Roger-Pol Droit
Les Religions expliquées à ma fille

Jérôme Clément

La culture expliquée à ma fille

Éditions du Seuil

ISBN 2-02-039588-6

© Éditions du Seuil, mars 2000

Le Code de la propriété intellectuelle interdit les copies ou reproductions destinées à une utilisation collective. Toute représentation ou reproduction intégrale ou partielle faite par quelque procédé que ce soit, sans le consentement de l'auteur ou de ses ayants cause, est illicite et constitue une contrefaçon sanctionnée par les articles L. 335-2 et suivants du Code de la propriété intellectuelle.

*A ma fille Judith,
coautrice de ce livre,*

*et à ses amies
Charlotte, Claire et Romy.*

Il y a longtemps que je désirais écrire un livre sur la culture. L'occasion m'en a été donnée par la collection du Seuil dont les premiers titres m'avaient séduit par leur simplicité et la facilité d'accès que le procédé des questions-réponses apportait au lecteur.

Je remercie Jacques Binsztok et Claude Cherki d'avoir accepté immédiatement de m'offrir cette opportunité. Mais je ne soupçonnais pas l'entreprise aussi compliquée, ni aussi passionnante.

Compliquée, parce que exprimer en termes simples et concrets des concepts abstraits tourne parfois à la quadrature du cercle. Passionnante, parce que mon optique a totalement changé dès lors que je me suis livré à l'exercice du dialogue avec ma fille Judith, puis avec ses amies. Notre dialogue, enregistré, puis dactylographié, a pris la tournure d'un débat de générations qui aurait pu s'intituler *La Culture expliquée à mon père*. J'ai donc beaucoup appris. J'ai repris ensuite ces quatre cent cinquante pages de dialogue, pour écrire le texte définitif, réécrit de nombreuses fois et qui a abouti à ce livre.

J'ai conscience de n'avoir pu aborder autant que je l'aurais souhaité toutes les questions posées par un titre aussi ambitieux. J'espère néanmoins que ce livre constituera une introduction utile à tous ceux, parents et enfants, qui cherchent à comprendre ce que la culture apporte à chacun de nous et pourquoi elle est une part essentielle de notre vie, une exigence qu'il faut satisfaire.

Je voudrais remercier les proches qui ont eu la gentillesse de relire ce texte et de me faire part de leurs remarques, particulièrement Michèle Abitbol, Brigitte Chahinian et Christine Sabrou qui ont participé à son élaboration.

Juillet 1999 / Janvier 2000

– Bon. Ça ne t'ennuie pas trop de parler de culture en vacances ? On y va ?

– *Si tu veux. Alors, la culture… ?*

– Parlons de nous, pour commencer…

– *De nous ? Mais ce n'est pas la culture…*

– Si, si, ta famille, tes origines, d'où tu viens…

– *De vous deux, toi et maman bien sûr. Que veux-tu dire ?*

– Sais-tu qui nous sommes ? Qui sont tes grands-parents ? C'est important, tu sais, c'est cela la culture familiale.

– *Ah bon ? Parce qu'il y a une culture familiale ?*

– Oui, d'ailleurs cela t'intéresse, puisque tu as cherché avec Mamie à reconstituer ses origines. Ce n'était pas facile.

– *Oui, je me le rappelle. Elle ne se souvenait plus, elle ne voulait pas en parler. Je n'ai jamais pu terminer l'arbre généalogique.*

– Ce n'était pas facile pour elle de faire son arbre généalogique. Dans ces arbres-là se cachent beaucoup de secrets, de joies et de souffrances. Ta grand-mère est juive et russe par ses parents ; ils ont fui la Russie au début du siècle. Ton arrière-grand-mère se cachait au moment des pogroms.

– *Les pogroms ?*

— Les cosaques, russes et orthodoxes, arrivaient dans les villages juifs, brûlaient les maisons, assassinaient tous ceux qui tombaient sous leurs sabres. Elle est partie avec toute sa famille, tandis que ton arrière-grand-père quittait Odessa, venant de Bakou, dans le Caucase. Ils se sont connus à Paris, où ma mère, ta mamie, est née. Ils y ont vécu heureux jusqu'à la Seconde Guerre mondiale. En 1940, ils ont fui dans le Sud-Ouest de la France. Ils ont été arrêtés, puis déportés à Auschwitz, d'où ils ne sont jamais revenus. Leur disparition m'a privé irrémédiablement d'une partie de mon histoire.

— *Je sais. J'y ai souvent pensé. J'en parlais avec Mamie. Cela a dû être horrible.*

— Pour ta mamie, sans aucun doute. Et, pour moi, douloureux et mystérieux. Je suis le produit de cette histoire et de son mariage avec un Français catholique. Elle avait un puissant désir d'intégration dans le pays d'adoption de ses parents, la France, même si on parlait russe chez elle. Du côté de ton grand-père, c'était très différent : une famille de paysans installée dans la même région, celle de Sens, depuis le XVe siècle, dans le village même d'où est parti Jacques Clément, le régicide, celui qui assassina Henri III en 1589.

— *Mais du côté de maman, c'est plus simple, heureusement.*

— C'est une famille du Pas-de-Calais, française et catholique. Mais tes grands-parents maternels ont subi deux guerres et vécu, eux aussi, mais d'une autre façon, les destructions peu de temps après leur naissance, et les bombardements quand ils se sont mariés. Ta grand-mère, sa famille ont été marquées par cette histoire, qui est celle du siècle.

– *Et alors ?*

– Alors, tu es issue de cette histoire-là. C'est ce métissage culturel, comme beaucoup de Français, qui est le tien, et ces traditions mélangées constituent tes origines. Je ne sais pas comment tu intégreras tout cela plus tard. Mais ces particularités familiales constituent des références auxquelles tu seras très attachée toute ta vie, des mystères, des interrogations et surtout des éléments de mémoire que tu auras à conserver, soit en t'inscrivant dans une continuité, que tu choisiras, soit en rompant avec elle. Cela changera d'ailleurs sans doute selon les périodes de ta vie. Toute famille a ses secrets, son histoire. Celle-ci, c'est la tienne, celle qui comptera pour toi. Tu subiras d'autres influences, bien sûr, car tu es née en France, et la culture de ton pays, la France, compte aussi beaucoup parce que c'est la communauté la plus forte dans laquelle nous nous situons, ne serait-ce qu'à cause de la langue.

– *Pour moi, cela ne veut pas dire grand-chose, la Culture française…*

– Tu ne t'en rends peut-être pas compte, mais le fait que tu sois née en France t'imprègne de l'histoire de ton pays, de la façon dont vivent les Français, de la variété de ses paysages et de son climat. Les fromages, le vin, la cuisine, la baguette de pain sont représentatifs d'un art de vivre bien français. Mais il y a aussi l'architecture : la religion catholique, très majoritaire en France, a suscité la construction d'églises et de cathédrales, avec leurs clochers qui structurent notre paysage. Autant que les monuments aux morts qui rappellent que chaque village a contribué aux guerres, dont tous les Français cultivent la mémoire. Chacun raconte des souvenirs, des récits de tranchées. Verdun et 14-18. Les maquis. La Résistance. Les déportations durant la Seconde Guerre mondiale. Chaque région, chaque famille a vécu différemment ces guerres, il y a longtemps contre les Anglais, puis contre les Allemands. Les Français se sont battus pour défendre un territoire et manifester leur volonté de vivre ensemble. Tout cela semble loin quand « la patrie n'est plus en danger », mais la mémoire familiale, celle des peuples aussi, est vivante et se transmet de génération en génération. Tu en hérites. Tu l'as bien vu chez ta grand-mère, dans le Nord, à Saint-Omer. La France, c'est tout cela : une géographie entre la Méditerranée et l'océan Atlantique, un climat tempéré, les Alpes, les Pyrénées, un pays agricole et maritime, bien situé, devenu un certain modèle d'art de vivre. C'est pour cette raison que les Français ont été très touchés par les grandes tempêtes de décembre 1999 qui ont abîmé nos monuments, nos églises, détruit des forêts vieilles de plusieurs siècles et modifié des paysages qui font partie de notre patrimoine. La France a une longue histoire, glorieuse souvent, et moins glorieuse parfois, qui a conduit à établir des relations pacifiées avec ses voisins, après tant de tragédies ! Des hommes et des femmes qui ont vécu, créé, bâti et peu à peu constitué une collectivité nationale forte, faite de Basques, de Bretons, d'Alsaciens…, mais tous français !

– *Oui, justement, chacun veut parler sa langue ! Donc, il n'y a plus de nation française ?*

– C'est un grand débat. Depuis la Révolution, le souci d'unifier les Français autour de la République et de ses valeurs « Liberté, Égalité, Fraternité » a conduit à éliminer les différences régionales, donc linguistiques. Aujourd'hui, à cause de l'unification européenne, et aussi parce que l'unification nationale est réalisée, les cultures régionales demandent à être davantage reconnues. Les régions veulent faire reconnaître leur langue, leur musique, leurs coutumes, afin qu'elles aient toute leur place dans la communauté nationale. C'est légitime.

– *Il y a des jeunes qui attachent beaucoup d'importance à cela. J'ai un ami breton : il écoute de la musique bretonne, il va à tous les concerts, il part en vacances en Bretagne, ses parents sont bretons, comme ses arrière-grands-parents. Il est très lié à cette tradition et, même s'il vit dans un autre milieu, à Paris, la Bretagne c'est l'endroit où il est né, c'est sa famille, c'est son mode de vie et il en est très fier.*

– Et toi, tu ne te sens pas aussi attachée à une région ? Qu'est-ce que tu en penses ?

– *Tant mieux pour lui, si ça lui plaît. Mais moi, j'ai horreur de la musique bretonne, je déteste ça, et lui il n'écoute jamais nos musiques, il n'écoute que la musique bretonne, on a l'impression qu'il ne nous respecte pas, moi j'en ai assez, il finit par être soûlant avec sa musique bretonne.*

– Tu n'es pas tendre avec les Bretons, parce que tu ne vois que leur passé et que ce n'est pas ton histoire. C'est une région où il y a des traditions fortes, qui visent à maintenir des coutumes d'autrefois. Les traditions font partie de leur culture. Le temps n'est pas si loin où la République leur a imposé le français unificateur, comme cela a été fait pour les Occitans dans le Sud. Il ne faut pas mépriser les manifestations folkloriques, même si elles ne rendent pas toujours compte de la vitalité culturelle d'une région ou d'un pays. Elles n'en constituent pas moins des références qui valorisent la singularité et l'identité propres de chaque groupe social. Et chaque région, chaque société humaine est dotée d'une culture spécifique. Tu vois, par exemple, en ce moment nous passons nos vacances au Pays basque, les maisons y sont très particulières avec leurs toits dissymétriques, leurs colombages et leurs auvents. Les jeux non plus ne sont pas les mêmes ; les Basques jouent à la pelote avec la chistera. Ils ont leur langue. Comme en Espagne, les corridas et les courses de vaches sont très populaires. La piperade remplace la ratatouille, le poivron remplace la tomate. C'est la culture du Pays basque. Et les Basques y sont très attachés.

– *Ils ont raison.*

– On le pense aujourd'hui, mais c'est un renversement de l'histoire, car la Révolution française, puis Napoléon et la IIIe République ont systématiquement cherché à abolir le régionalisme, caractéristique du Royaume de France et de l'Ancien Régime, pour établir une culture nationale, laïque, centralisatrice et jacobine. Il fallait se protéger contre les ennemis intérieurs et extérieurs. Maintenant, il y a un mouvement inverse en faveur du régionalisme car il n'y a plus de menace visible et l'Europe dissout les États-nations. Et c'est une évolution générale en Europe. Si les Basques espagnols revendiquent souvent une violence, d'ailleurs meurtrière, c'est pour défendre leur indépendance contre l'État espagnol et cela remonte très loin dans l'histoire du Royaume d'Espagne. Ils ne veulent pas être assimilés aux Espagnols. Ils se veulent différents. Ils y tiennent.

– *Mais il y a aussi des peuples qui se battent pour envahir un autre pays. Ils ne respectent pas la culture des autres. Ils veulent que leur culture soit au-dessus de toutes les autres.*

– C'est ce qu'on appelle l'ethnocentrisme ! « Notre groupe, disent certains, est au centre de toute chose, tous les autres se définissent par rapport à nous. » Ce groupe se sent supérieur et méprise les autres. Pour cette raison, les Grecs appelaient les autres peuples les « barbares » parce qu'ils n'appartenaient pas à leur monde. Il y a deux possibilités : diaboliser ou idéaliser celui qui n'a pas la même culture. Mais, à cette époque, le « sauvage », c'est celui qui n'est pas « civilisé ». Comment faire coexister les cultures sans qu'elles soient considérées comme une menace pour les autres ? C'est compliqué de revendiquer sa différence sans qu'elle soit ressentie comme une agression. Les Anglais veulent être différents des Français, et les Landais différents des Basques. Parfois, cette revendication se traduit par le terrorisme, comme en Corse, ou, pire, par la guerre : en Bosnie ou en Serbie, les populations n'acceptent pas dans leur pays ou leur région l'existence de peuples porteurs d'une langue, d'une religion et de coutumes différentes des leurs. Les Serbes voulaient, par exemple, imposer la suprématie de leur culture aux Kosovars, fermer leurs écoles et, dans cette logique, ils ont entrepris de les exterminer, purement et simplement. Ces conflits plongent leurs racines dans une histoire vieille de plusieurs siècles.

– *Alors, cela ne va jamais s'arrêter ?*

– Chaque guerre ravive les souvenirs de la précédente. C'est toute la difficulté. Comment faire vivre ensemble des peuples de cultures différentes ? Arméniens en Turquie, Kurdes en Turquie et en Irak, Grecs et Turcs à Chypre, Hutus et Tutsis au Rwanda,

Palestiniens et Israéliens : autant de cultures, autant d'histoires, autant de conflits. Comme faire admettre que les hommes et les femmes sont autant d'individus libres, c'est-à-dire non reconnus exclusivement par leurs appartenances nationales, ethniques, religieuses ou communautaires, à qui l'on reconnaît le droit de revendiquer et de vivre leur spécificité culturelle ?

– Cela signifie que les guerres naissent de conflits culturels ?

– L'élément culturel est déterminant. Parce que les guerres naissent souvent du fait que le groupe dominant refuse à l'autre sa différence et veut qu'il soit identique à lui-même pour assurer sa domination.

– Bon. Tu veux m'expliquer la culture de tous les temps, partout dans le monde ? Mais il y a des milliards et des milliards de cultures différentes qui existent ou ont existé dans tous les pays et à travers toutes les époques !

– Des milliards, tu exagères ! Mais c'est justement cela qui est intéressant : comprendre ce qui caractérise ces différentes cultures et ce qu'elles ont en commun. Certains disent parfois qu'il y a une culture universelle. Est-ce vrai ? C'est un grand débat qui a occupé les philosophes, notamment au XVIIe et au XVIIIe siècle. C'était notamment la conception des encyclopédistes, tu sais, ceux qui ont voulu recenser l'ensemble des connaissances du monde à ce moment-là. Diderot et Montalembert, notamment, et puis Voltaire, Montesquieu et Rousseau. Ils ont donné naissance à la « philosophie des Lumières », c'est-à-dire à l'idée selon laquelle l'ensemble des connaissances mondiales pouvait se répandre, faire triompher la raison et transmettre un savoir universel qui permettrait à l'humanité de progresser. D'une certaine façon, nous vivons toujours sur cette idée, qui a été répandue au moment de la Révolution française, puis sous Napoléon, et qui a compté dans l'histoire du monde de ces deux derniers siècles. Mais il n'y a pas qu'en France que ce mouvement a existé. Ainsi, Goethe, sans doute l'un des plus grands écrivains allemands et européens, disait : « Le mot de littérature nationale ne signifie pas grand-chose ; aujourd'hui, nous allons vers une époque de littérature universelle et chacun doit s'employer à hâter l'avènement de cette époque. » Kant, le philosophe, se situait aussi dans cette perspective universaliste.

– *C'est idiot, cela n'a pas pour autant empêché les guerres.*

– Idiot, non. Parce que l'aspiration à l'universel est un bel idéal, toujours très actuel, mais il est souvent le prétexte à une volonté de puissance et de domination. La Révolution française et les encyclopédistes croyaient que des hommes libres pouvaient apporter le bonheur à l'humanité : « Le Bonheur, une idée neuve en Europe. » Telle fut la devise de Saint-Just. Et puis, c'est au nom de ces idées que les grandes puissances ont entrepris une politique de colonisation afin d'assurer la promotion intellectuelle et le développement « moral » des pays africains, asiatiques. « Le fardeau de l'homme blanc », disait Jules Ferry, le père de la politique coloniale française. Tous les grands conquérants se veulent porteurs de message universel. En fait, le partage de l'Afrique ou de l'Asie, notamment entre les Français, les Belges, les Allemands et les Anglais, a été le résultat de leur rivalité de grandes puissances pour défendre leurs intérêts économiques et politiques. Et cette colonisation a eu pour conséquence une certaine déculturation de ces pays.

– *Déculturation, ça veut dire quoi ?*

– Imposer à un autre pays sa langue, ses lois, ses habitudes. Parfois, ce dernier perd sa langue, sa culture, sans avoir acquis la langue dominante. Le peuple « déculturé » perd son identité.

– *Les Africains ne vivent pas comme nous mais, pour moi, c'est aussi bien. Je vais peut-être dire une bêtise, en Afrique, tout s'organise autour de la culture, mais pas celle dont tu parles, celle de la terre. C'est différent ?*

– C'est une très bonne remarque. C'est vrai, étymologiquement, la culture, c'est la culture de la terre. Il y a l'idée de friche, de jardin, de sol, de paysans. Tout commence par là. Il faut rendre la terre productrice pour se nourrir. Et cela devient ce que l'on appelle un « espace aménagé » soit pour produire, soit pour chasser, soit pour se promener.

Quand on parle de cultiver son jardin, on pense « être tranquille, vivre sereinement », aménager la terre d'une certaine façon pour produire des richesses et rester chez soi à s'occuper des choses essentielles de la vie, sans se préoccuper des soucis du monde. Cela fait référence à une sorte de sagesse.

– *Donc, en fait, la culture dont tu veux parler, c'est la façon dont on se cultive soi-même. On cultive son jardin comme on cultive sa tête.*

– Belle formule. Le jardin des connaissances… Vaste programme ! La culture de la terre, c'est exactement comme la culture de l'esprit. Regarde le jardin de M. Marion, à Cumeray, près de chez nous en Anjou, sur les bords de la Loire, c'est un jardin très ordonné. Il n'est pas très grand, il y a des rangées de haricots verts, de fraises, de fleurs, d'arbres fruitiers. M. Marion apporte beaucoup de soin à organiser l'espace. Le jardinier adapte son travail au sol, au climat. Quand on visite un pays, tu le disais pour l'Afrique tout à l'heure, on observe la façon dont il est cultivé. Et, si l'on examine l'histoire, l'histoire des religions, celle des mythologies, les jardins ont toujours tenu une place essentielle. Le jardin, c'est le bonheur. Un regard sur le monde et la façon dont on le conçoit. Quand Adam et Ève ont été chassés du Paradis, le Paradis était présenté comme un jardin merveilleux où poussaient des arbres portant des fruits magnifiques. Plus tard, on a parlé des jardins de Babylone.

– *Babylone, où est-ce ?*

– C'était la capitale des Assyriens, aujourd'hui l'Irak. Cette grande civilisation, très raffinée, avait pour capitale Babylone, et la beauté suprême était d'aménager des jardins. Les Arabes ont perpétué cette tradition. Il en reste de beaux exemples, notamment les jardins de l'Alhambra à Grenade, en Espagne, où les pièces d'eau, les fontaines se mêlent aux marbres des cours intérieures pour les rafraîchir. Mais on parle aussi souvent des jardins « à la française » ou des jardins « à l'anglaise ».

– *Quand je suis allée avec mon collège à Versailles, on m'a expliqué les jardins à la française.*

– C'est l'esprit rationnel qui y domine, celui de Descartes, l'auteur du *Discours de la méthode*. Philosophie et jardin sont étroitement associés. A Versailles, il y a des parterres de fleurs ou d'arbres délimités par des massifs de buis taillés de façon minutieuse, des allées bien droites, parce que c'était la vision du monde du jardinier de Louis XIV qui s'appelait Le Nôtre. Louis XIV voulait y imprimer sa marque. Cette puissance du Roi-Soleil et de la monarchie absolue se lit dans les bassins, les statues, les massifs. L'histoire des jardins de Versailles, c'est celle d'une certaine représentation du monde. Louis XIV aimait à s'y promener avec sa cour.

A l'inverse, les jardins « à l'anglaise » présentent une certaine effervescence, un peu désordonnée, un peu plus libre. Les parcs anglais reflètent un autre rapport à la nature.

Au Japon, c'est encore différent. Ils dessinent des jardins zen avec du sable soigneusement ratissé, avec des lignes, des cailloux très bien placés. C'est extrêmement méticuleux. Les promeneurs n'ont pas le droit de marcher à tel endroit, de déranger un ordre dont les règles nous échappent. On voit bien, quand on regarde leurs jardins, que les Japonais sont différents de nous. C'est une certaine cosmogonie…

– *Mais qu'est-ce que c'est la cosmogonie ?*

– La cosmogonie, c'est un rapport à l'espace, un rapport à la façon dont l'univers s'organise. Un imaginaire rêvé. Et donc le jardin, tel que le conçoivent les Japonais, reflète leur vision de la perfection.

– *Donc, en fait, tu dis que la culture des jardins ou de la terre reflète la culture du pays ?*

– C'est un élément – ce n'est pas le seul –, mais il est déterminant comme représentation de l'ordre et de la beauté. Mais pour survivre, pour vivre, il faut d'abord se nourrir, chasser, pêcher, donc établir avec la nature un rapport privilégié qui est à la base de toutes les inventions humaines. On le voit dans les musées par exemple. Les arcs, les flèches, les huttes, les instruments agricoles, les maisons. Aujourd'hui, lorsqu'on étudie les sociétés, ce qui est le métier des ethnologues…

– *Au fait, que font-ils exactement ?*

– Ils étudient la façon dont les hommes vivent et organisent les sociétés. Ils rejettent l'ethnocentrisme et s'intéressent à la diversité des cultures dans le temps et l'espace. Les ethnologues se sont d'abord intéressés aux cultures des origines, notamment en Amérique latine, dans les forêts d'Amazonie ou en Afrique.

– *Pourquoi ?*

– Parce qu'ils pensaient que les cultures originelles étaient peu modifiées par le contact avec les autres cultures et que l'on pouvait établir plus facilement des caractères originaux, une sorte de classification des éléments culturels. En France, c'est Claude Lévi-Strauss qui fut le rénovateur de l'ethnologie. Au Brésil, il a étudié les Indiens Bororo, les Nambikwara, et en a rapporté des observations passionnantes. Mais, de plus en plus, les ethnologues s'intéressent aux sociétés modernes.

– *Ils pensaient que les sociétés primitives étaient plus proches de la nature, plus naturelles ?*

– Rien n'est naturel, pas plus les sociétés primitives que les autres.

– *Pourquoi dis-tu cela ? Ce qui est naturel, c'est ce qui vient spontanément ; d'ailleurs, on me dit souvent « sois naturelle », alors tu vois…*

– Quand on te dit cela, ce n'est sûrement pas pour t'inviter à faire ce dont tu as envie sans restrictions. Qu'est-ce que le naturel ? Être spontané, c'est être conforme au modèle culturel qui nous a été transmis. Respecter les règles que la vie en société implique pour tous ceux qui la composent.

— *Par exemple ?*

— Ne pas commettre d'inceste, bien sûr, selon les définitions de telle ou telle société. C'est un principe absolu. Si cet interdit est transgressé, il y a répression.

— *Bon. Mais je pense tout de même qu'être naturel, c'est agir selon son impulsion.*

— Tu es têtue ! Dis-moi donc ce qui est vraiment naturel ?

— *Je ne sais pas, moi. Le sommeil ?*

— Non. Les Japonais dorment sur un oreiller en porcelaine ou en bois.

— *Respirer ?*

— En Inde, les Yogis sont capables de retenir leur respiration pendant un mois.

— *Faire pipi, quand même !*

— Non, les positions varient, et les habitudes de propreté également.

— *Accoucher ?*

— Sûrement pas. En Afrique, les femmes accouchent debout, pour que l'enfant tombe plus vite.

— *Mourir ?*

— Tu plaisantes ! Au Japon, autrefois, les vieillards partaient mourir seuls dans la montagne.

— *Alors, que reste-t-il ?*

— Rien. Même les filles de ton âge en Afrique du Nord, près de nous, ne sont pas élevées comme toi, tu le sais.

— *Oui, mais les bébés ?*

— Ta mère ne t'a pas portée de la même façon qu'une mère porte son enfant dans un pays africain ou en Chine. Dans d'autres pays ou d'autres continents, les mères peuvent porter leur bébé sur le dos ou sur le ventre. Elles allaitent différemment, et cela conditionne la répartition des tâches, les habitudes de vie et les différences entre les hommes et les femmes, le tout variant suivant les continents, les sociétés et les cultures.

– *Ah bon ? Alors, à ton avis, à quoi tiennent les différences entre les hommes et les femmes ?*

– Cela varie justement beaucoup. On a remarqué qu'en Nouvelle-Guinée, en Océanie, dans deux tribus, les sentiments valorisés sont les mêmes pour les hommes que pour les femmes : la douceur, la coquetterie, la sensibilité. Il n'est donc pas évident qu'il y ait une sensibilité masculine ou féminine. C'est ce qui a fait dire à Simone de Beauvoir, écrivain français de ce siècle : « On ne naît pas femme, on le devient. »

– *C'est bizarre de dire cela.*

– Non, c'est une revendication d'égalité entre les hommes et les femmes. Pour bien montrer que les différences sont d'origine culturelle, essentiellement.

– *Mais il y a des pays d'Amazonie, certains pays d'Afrique, où c'est la jungle, le désert : la nature a pris le dessus, les hommes n'ont pas apprivoisé la nature ?*

– Dans certains pays, la nature est très hostile, les hommes doivent composer avec elle. Ils s'organisent des espaces de culture, quelques cases avec des champs autour. Ils vont chercher l'eau. Ils vont à la chasse, à la pêche et établissent des règles de vie en société. Mais il n'y a pas de lieu où les hommes n'ont pas la volonté d'aménager un espace autour d'eux pour y produire des récoltes. Sauf les nomades qui se déplacent avec leurs troupeaux, bien sûr. Aujourd'hui, il y a de moins en moins d'espaces naturels qui résistent à l'homme. Dans les forêts d'Amazonie, plusieurs millions d'hectares partent chaque année en fumée. La forêt vierge est de plus en plus menacée par les constructions humaines, du fait d'une surexploitation motivée par le souci de la rentabilité à court terme. La loi du profit.

– *Bon, d'accord. Mais à l'école, on ne nous apprend pas beaucoup la culture de la terre. On nous enseigne l'histoire, la géographie, le français, les mathématiques. A quoi ça me sert tout ça ?*

– Eh bien, justement, c'est un certain nombre de connaissances qui sont indispensables à la vie en société, et dont tu as besoin pour comprendre ceux qui t'entourent et le monde tel qu'il est. Ce que tu apprends à l'école, c'est ce qu'on appelle la culture générale.

– *Mais je n'aime pas les mathématiques ! Cela ne sert à rien.*

– Tu en as quand même besoin pour apprendre à faire des opérations, à compter ton argent, à acheter tes vêtements ou pour aller au cinéma. Et d'ailleurs, s'il n'y avait pas les mathématiques, les ingénieurs ne pourraient pas construire les ponts, les avions ou les voitures. La culture scientifique – mathématiques, physique, chimie, biologie… – fait partie également des connaissances indispensables pour comprendre le monde. Tout ce qui t'entoure est né des grandes découvertes. Comprendre l'univers, la façon dont il fonctionne, de l'infiniment grand à l'infiniment petit…

– *Arrête ! Tu parles comme mon professeur !*

– Et alors ? Il n'a pas forcément tort. Les modes de vie évoluent en permanence avec les progrès technologiques. Autrefois, quand il n'y avait pas de livres, la tradition était orale. Il y avait des troubadours, des conteurs, et c'est encore vrai dans les pays où il y a beaucoup d'analphabètes, c'est-à-dire des gens qui ne savent ni lire ni écrire. L'information, la connaissance passaient par des récits oraux. En Afrique, c'était souvent le cas, et dans certaines régions, ça l'est encore. C'est le rôle des griots, qui sont des sortes de troubadours chargés de chanter la généalogie de leurs patrons. Les Aèdes, chez les Grecs anciens, avaient la même fonction…

– *Drôle de nom !*

– … Et c'est seulement grâce à l'invention de l'imprimerie par Gutenberg, en 1453, qu'il a été possible de reproduire des textes qui circulaient de main en main. Peu de gens savaient lire et écrire. Le livre était un objet rare utilisé surtout au sein du clergé pour les textes sacrés, grâce aux moines copistes, et pour l'état civil, les mariages, les enterrements, la transmission du patrimoine.

– *Cela ne devait pas être très amusant à lire !*

– Effectivement, mais leur préoccupation n'était pas de se distraire. L'apparition du livre a été déterminante pour les sociétés. Elle l'est toujours pour chacun de nous. Apprendre à lire est la base de tout, la clé qui donne accès à la connaissance, au savoir, à la transmission des idées. Pour cette raison, c'est la première tâche des maîtres à l'école : donner aux enfants, tout petits, les signes qui leur permettent de découvrir cet objet unique, et qui reste unique depuis cinq siècles : le livre. Feuilleter un premier livre, tous les enfants s'en souviennent. C'est un plaisir appris tout petit et dont on ne se lasse plus.

– *Arrête, Papa, tu deviens lyrique !*

– Oui, car lorsqu'il s'agit des livres, je me sens

devenir grave, ému même. Songe à tous les enfants qui n'ont pas la possibilité de savoir lire, et mesure la chance que tu as. Avoir des livres chez toi, des conseils de lecture et pouvoir te rendre dans une bibliothèque…

– *C'est vrai, j'aime bien aller à la bibliothèque du quartier pour feuilleter des livres.*

– Je me souviens : quand j'étais enfant, je passais de heures dans la bibliothèque de mon grand-père ou dans celle de mon père. J'aimais toucher les livres, regarder leurs illustrations, et parfois plonger au hasard parce qu'une reliure m'avait plu. Les livres de la Bibliothèque rose, la Comtesse de Ségur ou les Jules Verne, Alexandre Dumas… Je lisais tout. Les bibliothécaires, les libraires, les professeurs sont les amis des livres. C'est leur passion, et ils aiment la faire partager. Ils jouent un rôle essentiel, surtout pour les jeunes qui ne savent pas toujours comment orienter leurs choix. Le livre reste l'outil de base. Bien sûr, l'apparition de la radio, du téléphone, de la télévision, la transmission instantanée des informations publiques et personnelles ont ensuite contribué à modifier complètement les relations entre les hommes. Les frontières spatiales et temporelles sont abolies, puisque tu peux parler avec quelqu'un en n'importe quel point du globe. C'est une modification radicale de la façon de vivre, et le XXIe siècle va voir naître une nouvelle forme de culture qui intégrera les éléments traditionnels, le patrimoine, les coutumes, mais aussi des moyens de communication et de création complètement nouveaux. Ce sera le rôle de ta génération d'intégrer tout cela. Être en même temps villageois et citoyen du monde.

– *Donc, plus le monde évolue plus les cultures*

peuvent se rencontrer ? On peut découvrir toutes sortes de cultures par Internet, par les CD-Rom, et apprendre beaucoup plus sur les autres. Comment faisait-on autrefois ?

– La communication entre les cultures se fait à la fois par la communication des idées et par la communication physique entre les hommes. Quand l'homme circulait à cheval et qu'il n'y avait pas de route, ou avant même qu'il ne circule à cheval, il ne connaissait que son village, son environnement immédiat. L'univers était inconnu, donc hostile. Les villes se protégeaient avec des murailles et les châteaux étaient fortifiés par peur de l'ennemi. Peu à peu, les frontières ont bougé : les grands conquérants, les Grecs, Alexandre le Grand, les Romains avaient fait prendre conscience qu'il y avait d'autres mondes, autour de la Méditerranée d'abord. Puis, Marco Polo, parti de Venise et revenu de Chine, a fait connaître un autre univers. Et cela a été une découverte considérable de savoir qu'il y avait, à l'autre bout du monde, une civilisation complètement différente. Il y a eu ensuite les conquistadors, partis d'Espagne et du Portugal pour découvrir l'Amérique et qui ont, avec stupeur, compris qu'il y avait là-bas un monde où on adorait d'autres dieux et où l'on vivait différemment. Ce fut l'histoire de Christophe Colomb, de Cortés, que tu as apprise à l'école. Ils se sont intéressés, ont observé, écrit, et même Cortés s'est marié avec la Malincha, une Indienne, et a beaucoup fait pour le développement des indiens en créant des écoles et en organisant le pays. La communication ne passait que par les voyages, l'aventure et la rencontre physique. Les livres et les lettres étaient rares.

– Oui, mais quand Christophe Colomb a découvert l'Amérique, ça ne l'intéressait pas vraiment, puisque lui et les autres ont surtout exterminé les Indiens pour y installer des Européens.

– En fait, si Christophe Colomb et les conquérants venant d'Espagne, du Portugal, d'Europe ont envahi l'Amérique, c'est parce qu'ils convoitaient les richesses de ces pays. « Ils voulaient l'or parce qu'il donnait le pouvoir, puis ils voulurent le pouvoir parce qu'il donnait de l'or », a écrit Montherlant. Et puis ils étaient animés par la volonté d'y faire régner leur roi et leur religion, et d'y établir leur suprématie. Les Latino-Américains, comme leur nom l'indique, sont les héritiers de cette histoire : ils ont intégré la double culture, indienne et hispanique. Les origines indiennes n'ont jamais disparu de leur vie, malgré l'ethnocide, et elles resurgissent aujourd'hui sous forme de revendication ethnique forte dans l'État du Chiapas, au Mexique, autour du sous-commandant Marcos.

– Dans les premiers westerns américains, on voyait toujours les cow-boys en train de massacrer les Indiens. Et tout le monde trouvait cela très bien !

– C'est vrai, la conquête de l'Ouest des États-Unis, idéalisée par le cinéma américain, s'est traduite par la destruction des Indiens. Les survivants ont ensuite été parqués dans des réserves, qui organisent leur marginalité. C'est une entreprise de destruction sociale et culturelle, l'aboutissement d'un processus de décomposition des sociétés et des individus.

– Mais à ce moment-là, ils meurent.

– Physiquement ou psychologiquement ; ils sombrent dans l'alcoolisme, la déchéance et survivent en fabriquant des objets pour touristes. Ils perdent leur spécificité, ils sont assimilés d'une façon ou d'une autre. Leur patrimoine disparaît en tant que culture autonome. C'est la déculturation dont je te parlais. Sauf si leur est reconnu un statut spécial, une dignité propre. C'est la tentative actuellement mise en œuvre au Canada, où l'on vient de reconnaître une certaine autonomie aux Inuits, qui ont désormais leur propre État, le Nunavut. Et c'est vrai également aux États-Unis où, dans quelques réserves, les Indiens gagnent tant d'argent avec leurs casinos qu'on appelle cette richesse « le Nouveau Bison ». Mais c'est un phénomène relativement récent. Dans l'Histoire, c'est plutôt l'affrontement qui a dominé les rapports des cultures les unes avec les autres.

– *Mais c'est révoltant, ces destructions !*

– L'Histoire n'est pas tendre pour les minorités. Cela dit, tout ne disparaît pas. La conquête de l'Ouest reste un des grands moments de référence de l'Histoire américaine, même si, en dehors des westerns, les Indiens ont du mal à vivre. Au Portugal ou en Espagne, on trouve des traces très vivantes de l'Amérique latine dans la musique ou la littérature et dans les échanges économiques, sans compter les communautés linguistiques. Il y a des échanges qui, peu à peu, s'introduisent entre les dominateurs et les dominés, entre ceux qui ont conquis et ceux qui sont conquis, et il peut y avoir des retournements de l'Histoire. Plus près de nous, observe nos relations avec l'Algérie, mais aussi avec la Tunisie et le Maroc. Les populations et les langues se mêlent. En témoigne l'essor spectaculaire de la musique raï. L'Algérie a profondément marqué la France, même si nous étions les colonisateurs. Il y a une culture française en Algérie et une culture algérienne en France. Et aux États-Unis, même s'il y a une culture majoritaire dominante anglo-saxonne, il y a aussi une culture espagnole minoritaire : beaucoup d'Américains parlent l'espagnol, dans le Sud en particulier. Les hispanophones ont leurs journaux, leur langue, leurs magasins, notamment la minorité cubaine, concentrée à Miami.

— *Les Américains ont quand même après leur indépendance perpétué l'esclavage des Noirs.*

— Tu sais pourquoi ? A quelle période cela remonte ?

— *Non.*

— A la période de la conquête de l'Amérique par les Espagnols, et à la Controverse de Valladolid, qui s'en est suivie au XVe siècle. Il y eut un grand procès en Espagne afin de déterminer si les Indiens d'Amérique du Sud, ceux qui avaient été découverts par les conquistadors, avaient ou non une âme. Ce n'est pas vraiment nouveau, puisque Aristote, au temps des Grecs, considérait déjà que les Scythes, peuple d'Asie Mineure, n'étaient pas des hommes. Pour revenir à Valladolid, ce procès a conclu, finalement, que les Indiens avaient une âme. A partir du moment où ils avaient une âme, ils devaient être considérés comme des êtres humains. Ce qui a posé des problèmes économiques et politiques majeurs aux conquistadors, les colonisateurs.

— *Pourquoi ?*

— Puisque les Indiens étaient comme eux, les colonisateurs ne pouvaient plus en faire des esclaves, pourtant indispensables pour construire et cultiver. Ils sont donc allés en Afrique chercher des Africains : eux, ils étaient noirs, et, pour cette raison, considérés comme des animaux, des « hommes-machines ». Il était donc possible de ne pas les traiter comme des humains, mais comme des esclaves. C'est l'origine de la traite des Noirs et de l'esclavage dans les deux Amériques. Cela a duré jusqu'au XIXe siècle. De là est venu l'« apartheid » aux États-Unis et en Afrique du Sud. Cela a duré jusqu'à ce siècle.

– *Jusqu'à Martin Luther King ?*

– Ah oui ! Tu connais ?

– *C'est un Noir américain, un pasteur, qui s'est battu pour que les Noirs aient les mêmes droits que les Blancs. Considérés comme inférieurs, les Noirs n'avaient pas le droit de fréquenter les mêmes églises, les mêmes écoles. Martin Luther King a fait un discours célèbre. Je crois qu'il a été assassiné en 1968.*

– C'est ça. Tu imagines les conséquences sur l'élaboration de la culture noire aux États-Unis, marquée par des modes de vie très particuliers. Pour exister socialement, économiquement, il leur fallait s'affirmer culturellement. Cela a commencé avec la musique – les *negro spirituals* –, une façon originale de chanter ensemble en travaillant dans les champs de coton, puis dans les églises. Ils ne reniaient pas la religion protestante, ils l'ont même adoptée, mais ils l'ont adaptée à leur mode de vie.

– *C'est de là que vient le jazz ?*

– Oui, de La Nouvelle-Orléans, et cette musique s'est diffusée aux États-Unis, jusqu'à devenir leur principale référence musicale. Les Noirs n'avaient droit ni au pouvoir économique, ni au pouvoir politique, réservés aux Blancs. Ils ont chanté, dansé, occupé la scène culturelle. Même phénomène au

Brésil avec le Carnaval. Ce n'est que très récemment que les Noirs ont conquis des fonctions politiques, mais à condition qu'ils s'intègrent au système et qu'ils adhèrent aux valeurs nord-américaines. Ils pouvaient critiquer, mais en restant à leur place. Quand ils voulaient contester, ou s'ériger en communauté autonome, ils étaient combattus, emprisonnés, tués. Ce fut le cas des Black Panthers dans les années 70.

– *En fait, c'était à eux de développer une culture noire américaine ? Est-ce que c'est cela, le métissage culturel ?*

– Le métissage, c'est le mélange. Nous en avons parlé en évoquant nos origines. Là, il ne s'agit pas de métissage, même s'il peut y avoir plus qu'autrefois des mariages mixtes. Il s'agit de faire vivre une culture minoritaire dans un pays dont la culture majoritaire est différente. Si les deux cultures se mélangent, alors il y a des formes d'expressions qui s'apparentent à du métissage.

– *Je connais des mélanges culturels réussis, j'ai une amie qui s'appelle Romy. Ses parents habitaient à Cuba. Pour des raisons politiques, ils ont voulu quitter leur pays. Ils sont venus en France en 1982. Ils étaient cubains tous les deux et Romy est née en France. Peu à peu, ils se sont intégrés à la société française, et, en 1989, ils ont été naturalisés. Alors elle, elle parle espagnol chez elle et français à l'école, elle a de la famille à Cuba, en Amérique latine, au Guatemala, aux États-Unis, et elle me dit que, quand elle va les voir aux États-Unis, elle parle anglais. Et moi, je trouve ça formidable.*

– Pourquoi ?

– *Parce que c'est beaucoup plus riche, elle parle*

plusieurs langues, elle connaît des musiques que je ne connais pas, elle a de la famille partout, c'est enrichissant.

– Et il y en a beaucoup dans ta classe ?

– *Oui, il y a aussi Maria qui est russe, Pierre qui est italien, Mehdi qui est d'origine marocaine, Paola qui est mexicaine.*

– Et ça t'inquiète ou ça t'attire ?

– *Non, j'aime bien. C'est plus valorisant d'avoir des origines étrangères, d'être le produit d'un métissage soi-même plutôt que d'être simplement français. C'est super d'être un mélange de deux horizons, de deux cultures.*

– Ce n'est pas toujours aussi facile, c'est parfois source de discrimination. Les immigrés viennent d'un autre pays et doivent s'intégrer économiquement, socialement, culturellement. Ils vont à la mosquée ou à la synagogue des jours différents des catholiques, et si certaines pratiques sont bien acceptées, d'autres le sont moins.

– *Lesquelles ?*

– Par exemple, certains mots courants sont passés facilement dans la langue française. L'algèbre a été inventé par les Arabes. De même nous avons adopté des plats caractéristiques, le couscous… C'est parfois plus difficile, parce que cela touche à des symboles fondamentaux : l'affaire du foulard a été l'objet d'une vaste polémique. Qu'est-ce que tu en penses ?

– *Je pense que chacun peut s'habiller comme il veut, chacun a sa religion. C'est un manque de respect que d'interdire le port du foulard à l'école.*

– Mais tu conçois bien que cette pratique puisse être perçue comme une entorse à la laïcité voulue par l'école républicaine, et donc au principe d'égalité.

– *Oui, mais ceux qui viennent d'autres pays n'ont pas le choix et si les parents l'imposent à leurs enfants, on ne peut pas les empêcher, sinon ils auront des difficultés familiales.*

– Il faut donc rechercher des compromis entre les cultures immigrées et la culture dominante.

– *Qu'est-ce que c'est la culture dominante ?*

– Une culture dominante, c'est une culture qui est majoritaire dans un pays, et une culture dominée, ce n'est pas nécessairement une culture totalement dépendante, mais elle doit tenir compte de la culture dominante. Elle peut résister plus ou moins à la culture dominante. La question qui se pose dans un pays est de savoir jusqu'où l'on va dans l'intégration : droit de la nationalité du pays d'accueil, droit de vote aux élections municipales, accès aux droits sociaux (allocations familiales, etc.), reconnaissance des différences culturelles et, par exemple, droit de pratiquer sa religion, ce qui a posé, outre la question du foulard, la question de faire accepter par une majorité de catholiques l'édification de mosquées.

– *Mais c'est normal que chacun pratique sa religion !*

– Cela suppose la tolérance. Ce n'est pas toujours le cas : rappelle-toi que Louis XIV, en révoquant l'édit de Nantes, en 1685, a fait fuir les protestants de France vers l'Allemagne et l'Amérique. Et que, en 1492, les Juifs ont été chassés d'Espagne et du Portugal. La politique française est une politique d'intégration, au nom de l'unité de la Nation et de l'adhésion aux valeurs de la République. L'école, de ce point de vue, a longtemps été l'instrument de cette politique.

– *Elle ne l'est plus ?*

– Si, mais on prend davantage en compte les différences. On exalte les pluralités culturelles, le mélange, le multiculturalisme et le droit de chacun de vivre sa culture basque, bretonne, musulmane, chinoise, que sais-je encore ? Autrefois, elles étaient soit réprimées, soit marginalisées. Nous sommes passés d'une culture unificatrice autour de la Nation, une et indivisible, à l'affirmation du droit à la différence, et la reconnaissance d'une société multiculturelle. Cela engendre des heurts et la nécessité de rechercher des bases communes, un fonds de valeurs et de références qui soient les mêmes pour tous, tout en prenant acte de cette diversité, de cette profusion de cultures venues de partout, et qui s'entremêlent.

– *Je ne comprends rien à ce que tu me dis. Avec Romy ou avec Marek, même s'ils sont musulmans ou d'origine cubaine, s'ils sont juifs ou s'ils ont d'autres coutumes que moi, nous sommes tous pareils. Nous n'avons pas forcément la même culture familiale, mais je ne vois pas de différence entre nous.*

– Tu as raison. C'est difficile de définir la culture nationale par rapport aux cultures des immigrés, parce que, d'une certaine façon, la France est un ensemble d'émigrés venus avec leurs particularités, à certaines époques, et qui ont peu à peu été assimilés. Les Romains étaient des envahisseurs, comme les Normands ou les Wisigoths. A une époque, il y a eu beaucoup d'émigrés italiens, puis il y a eu des Polonais, des Espagnols entre les deux guerres et, depuis 1945, des Portugais, et surtout des Maghrébins. Nous étions bien contents qu'ils viennent en France pour réaliser les travaux les plus durs – dans les mines, les travaux publics ou les travaux domestiques –, et ce métissage dont tu parlais tout à l'heure a enrichi la culture nationale. Mais certains considèrent que la culture nationale doit conserver sa « pureté » d'origine.

– *Qui ça, certains ?*

– Eh bien, l'extrême droite, Le Pen, le Front national et même certains conservateurs refusent de reconnaître que la France est un pays multiculturel. C'est le même thème qui a été développé par Haïder et son parti. Et ils ont trouvé des conservateurs pour faire alliance avec eux au gouvernement. Nationalistes et racistes, même s'ils ne le disent pas, revendiquent des racines beaucoup plus profondes, souvent artificielles, qu'ils ancrent dans le régionalisme et la tradition pour certains, dans le culte du germanisme pour d'autres. Et au nom d'une certaine pureté ethnique, raciale et culturelle, ils refusent les différences des autres, et ne les considèrent pas comme un enrichissement, mais comme un appauvrissement. Parce qu'ils ont peur.

– *Mais c'est complètement idiot !*

– C'est surtout dangereux ! Il est préférable d'accepter les immigrés avec leurs coutumes, à condition qu'ils se conforment aux règles de vie en commun. C'est un système très évolutif, qui change au fur et à mesure des générations. Les Arabes de la deuxième génération, les beurs, sont très différents de ceux de la première génération, par exemple. Ils apportent beaucoup, ils veulent réussir. Il faut les aider. Et donc, c'est un système complexe, mais finalement créatif et très enrichissant. La diversité de la Nation française vient de là, contrairement à ce que dit l'extrême droite.

– *Moi, j'ai une autre question : y a-t-il des cultures ou des civilisations qui ont été écrasées ? Penses-tu qu'on ne retrouvera jamais de traces de cultures entières qui ont complètement disparu ? Et puis, tu parles de culture et de civilisation, quelle est la différence ?*

– Tu poses plusieurs questions. Sur la différence culture-civilisation, là encore, les mots ont évolué, surtout dans l'échange avec l'Allemagne depuis le XIXe siècle. En Allemagne, la *Kultur* est nationale, tandis que la civilisation caractérise les autres pays. En France, le terme « civilisation » s'opposait primitivement à celui de « barbarie », et introduisait l'idée de progrès. Aujourd'hui, ce n'est plus très clair. Moi, j'aime bien cette définition de Tylor, un anthropologue anglais : « Une civilisation est une culture qui s'est fait une place dans l'histoire. » On peut parler de la civilisation égyptienne, de la civilisation chinoise, de la civilisation indienne. Alors, évidemment, il y en a certaines qui disparaissent et d'autres dont on conserve les traces et qui ont une influence durable. Peut-être as-tu lu cette phrase de Paul Valéry, un écrivain français du milieu du siècle : « Nous autres, civilisations, savons que nous sommes mortelles. » Cela a été écrit sur le fronton du Palais de Chaillot, après la Seconde Guerre mondiale, qui a failli tout engloutir. Toutes les cultures, toutes les civilisations peuvent mourir un jour. La nôtre aujourd'hui, comme d'autres qui ont existé dans le passé. C'est tout le travail des archéologues de les faire réémerger, lorsqu'ils étudient les vestiges des villes, les objets utilisés, lorsqu'ils trouvent dans la terre tout ce qui peut rappeler la vie d'une société humaine disparue, comme on le fait souvent en

Égypte, civilisation que l'on connaît assez bien, mais aussi dans certains déserts ou sous les mers, au Proche-Orient, ou dans d'autres régions du monde. En Chine, récemment, on a retrouvé des traces de dynasties qu'on croyait disparues. De même, les grottes préhistoriques nous apprennent précisément, par leurs peintures, les formes de vie et de représentation du monde de nos ancêtres.

— *Tu m'as parlé des archéologues, on avait parlé des ethnologues, il y en a d'autres comme ça ?*

— Oui. Les archéologues étudient et recherchent les civilisations disparues. Les ethnologues décrivent la diversité des peuples et des coutumes, et tous les aspects de leur vie. Je t'ai parlé de Claude Lévi-Strauss. Les paléontologues étudient la Préhistoire et les fossiles. Et puis, il y a aussi les anthropologues…

— *Ça suffit avec tous ces noms !*

— … les anthropologues étudient les sociétés humaines. Tant pis pour toi, je continue. Il y a aussi les sociologues, qui étudient les faits sociaux, pas seulement dans leurs aspects culturels mais dans leur globalité, les relations sociales entre les individus, et décryptent leurs pratiques. C'est Émile Durkheim, un Français, qui a le premier, au XIXe siècle, jeté les fondements de cette nouvelle discipline. Tous ceux qui étudient ces questions accordent une place plus importante tantôt à l'économie, tantôt à la culture, tantôt à l'histoire, et donc il n'y a pas de vérité absolue. Et puis, les notions changent au fur et à mesure de l'évolution de nos sociétés.

— *Comment veux-tu que je m'y retrouve ?*

— Oui, je reconnais que c'est compliqué. Je vais prendre un exemple pour te faire comprendre ce que tout cela représente.

Parlons des Africains, qui ont longtemps été appelés les *Nègres*. C'est devenu un mot insultant. Aujourd'hui, on dit les *Noirs* ou les *Blacks*. Ou bien, aux États-Unis, les *Afro-Américains*.

L'art africain a longtemps été considéré comme un art primitif. Les sculptures des Africains, leurs statues, leurs masques étaient utilisés à l'occasion de rites religieux considérés comme fétichistes. C'était l'« art indigène ». « Art primitif » est un terme négatif. Quand les Africains ont été colonisés, leur art n'était pas reconnu, on disait l'*art nègre* de façon méprisante. Cela n'était pas « beau », car non conforme aux normes esthétiques définies par les Occidentaux. Mais leur préoccupation n'était pas la beauté. Ils créaient des objets utiles à la vie courante ou nécessaires à leurs pratiques religieuses : chasser les démons, attirer les esprits bénéfiques… C'est le regard extérieur qui voit ces objets comme des œuvres d'art. L'inverse est vrai, puisqu'en Nouvelle-Guinée on a vu des tribus arborer des canettes de bière ou de Pepsi-Cola comme ornement à leur chapeau. L'objet était devenu artistique, et non utile.

– *Mais je suis allée en Afrique avec toi. Quand on a vu les danses au Mali, en pays dogon, c'était magnifique, même si cela m'a fait peur.*

– C'est un bon exemple, car les Dogons, qui vivent sur des falaises, au Mali, sont des agriculteurs. L'architecture de leurs maisons, faites de pierres sèches ou de briques d'argile et de paille pressée, ainsi que la disposition des cases, très élaborée, répondent à des principes religieux, comme leurs masques et leurs danses.

– *Ah, tu vois !*

– Oui, mais jusqu'au début du XXe siècle, il n'y

avait que les collectionneurs qui s'intéressaient à l'art africain, et ils étaient très peu nombreux. Et ce sont des écrivains, comme André Breton, un des fondateurs du surréalisme, ou des artistes, comme Picasso ou Modigliani, qui ont découvert l'« art nègre » et l'ont mis à la mode. Joséphine Baker a beaucoup fait aussi avec sa « Revue nègre », et les Noirs américains avec le jazz, qui était une musique de rues, une musique d'esclaves. Les artistes ont collectionné les masques et les sculptures, considérés longtemps comme une certaine expression de la « sauvagerie » d'Afrique ou d'Océanie. A l'Exposition coloniale de Paris par exemple, en 1937, on les regardait avec une curiosité mêlée de condescendance, comme des sauvages amusants et originaux. Et puis, de l'idée d'« art primitif », on est passé à l'idée d'art africain et océanien, exposé dans un musée, celui des Arts africains et océaniens. L'expression était neutre. Aujourd'hui, tu sais que le président de la République, Jacques Chirac, va créer un musée des « arts premiers ». En revanche, en Grande-Bretagne, le British Museum a toujours accueilli les arts premiers. En France, une polémique a eu lieu ces dernières années, parce que les conservateurs du Louvre y étaient farouchement hostiles. On est donc passé d'une notion critique, dévalorisante d'un art fétichiste ou primitif, à une notion géographique, puis à la notion d'« art premier » qui, au contraire, est extrêmement valorisante : quand on dit qu'on est le premier, c'est qu'effectivement les autres vous suivent. Donc, le changement de vocabulaire illustre le changement de l'échelle des valeurs artistiques et l'évolution du monde dans lequel, plus qu'autrefois, comptent d'autres continents que l'Europe. Chaque culture trouve sa place par rapport aux autres dans une évolution historique sans fin. C'est la reconnaissance du multiculturalisme et c'est à l'Unesco, organisation internationale dépendante des Nations unies, qu'est dévolue la mission de défendre le patrimoine mondial, de le mettre en valeur, et de s'intéresser à toutes les cultures du monde. C'est une évolution importante qui prend acte de la fin de la suprématie de la culture occidentale, au moins sur le plan institutionnel ; sur le plan économique, c'est autre chose.

– *Qu'est-ce que tu en penses ?*

– L'économie occidentale reste écrasante et impose son modèle culturel. Plus le monde s'unifie sur le plan économique et politique, plus le modèle de consommation américain s'étend et plus le besoin d'identité culturelle, de reconnaissance autonome est puissant. Que ce soit à l'intérieur d'un pays, avec les cultures régionales, d'un pays par rapport à un autre – et c'est une autre forme de nationalisme –, ou à l'échelle d'un continent – l'Europe, l'Afrique, l'Asie –, personne ne peut échapper à l'unification liée à la mondialisation et aux développements des moyens de communication. Personne n'échappe non plus à l'affaiblissement des États, puisque l'économie est internationale et dépend de moins en moins des gouvernements. Mais chacun se veut différent de son voisin et tient à l'affirmer, fût-ce par la violence. Aujourd'hui, les facteurs de différence sont culturels.

– *Si je comprends bien, ça change tout le temps ?*

– Oui, parce que le monde évolue : rapports de force démographiques, progrès technologiques, développement économique.

– *Mais, attends, ce sont les technologies qui font*

évoluer la culture ou c'est la culture qui fait évoluer le monde ?

– En fait, ce sont les deux. Plus les connaissances s'accroissent, plus l'homme est capable d'inventer de nouvelles technologies, de nouveaux instruments de savoir. Observe ce que l'ordinateur introduit comme changement, non seulement en termes d'accélération de la communication, mais également dans la nature du travail des chercheurs, des ingénieurs, etc. Et cette révolution se développe conjointement aux progrès de la miniaturisation, et l'apparition des techniques numériques qui permettent de transmettre encore plus d'informations d'images en temps réel. Cela a des conséquences énormes sur notre culture, notre façon de penser, d'écrire, de communiquer, tous changements qui introduisent, à leur tour, de nouveaux développements technologiques. Les images, les sons se découpent, se déforment, et mélangent fiction et réalité. Toutes ces révolutions affectent tous les domaines de la création de manière radicale. Avec Internet, la notion de l'espace et du temps change aussi radicalement. Il est possible de communiquer vers n'importe quel point du globe avec n'importe qui en temps réel. C'est l'amorce d'une culture planétaire.

– Mais alors, tu penses que progressivement, grâce aux nouvelles technologies comme Internet et les autres outils qui facilitent la communication, il y aura dans l'avenir une seule culture, une seule culture planétaire, avec dans chaque région ou dans chaque pays des résidus comme la culture bretonne, provençale, savoyarde, chacun se battant pour conserver sa langue. Tu crois que d'ici quelque temps il y aura une seule culture pour l'ensemble du monde ?

– « Résidus », tu y vas fort. Mais je crois qu'il est difficile de mesurer toutes les conséquences de cette évolution : transformation de la majorité des activités humaines, mais aussi introduction d'autres inégalités. Il y aura ceux qui auront accès à ces nouvelles technologies, et ceux qui n'y auront pas accès. Les habitants des pays les plus riches auront accès à cette culture planétaire, alors que les autres, ceux qui n'y auront pas accès, seront rejetés dans un autre type de relation plus traditionnelle, ce qui divisera encore plus qu'aujourd'hui le monde en deux, et, à l'intérieur d'un même pays, la société en deux.

– *Mais, toi, tu penses qu'il y aura une culture planétaire ?*

– En partie, mais cela entraîne déjà une réaction identitaire très forte.

– *C'est-à-dire ?*

– « Réaction identitaire » signifie que certains pays ou certaines populations n'auront pas envie d'être unifiés par une culture planétaire. La réaction des islamistes, avec ses excès, est la manifestation d'un refus d'être soumis aux normes de la culture planétaire, et d'adhérer aux valeurs qu'elle véhicule, venant pour la majorité du monde occidental. Certaines sociétés « bricoleront » des éléments de leur culture traditionnelle avec leurs propres apports. D'autres, plus rétifs, auront tendance à se replier, parfois agressivement, tout en empruntant à cette même culture qu'ils dénoncent. La mondialisation n'entraînera pas nécessairement l'uniformisation médiocre de la création et du public. Mais elle peut déclencher des fragmentations dangereuses, fondées sur l'appartenance à une ethnie, une religion, une classe sociale, un âge.

— *Comme un peuple peut avoir envie de détruire les autres cultures pour mettre la sienne, certains ont envie d'imposer une culture planétaire, et d'autres de conserver la leur ?*

— C'est aussi, et surtout, un problème économique qui fait l'objet de négociations commerciales internationales de très grande importance entre les États, et qui ont commencé à Seattle, en novembre 1999, par une résistance farouche des pays pauvres et de différents mouvements de contestation. La négociation a échoué. Et la domination des moyens de communication permet d'imposer un modèle de consommation planétaire. Coca-Cola, les blue-jeans Levi's, McDonald's, le cinéma : les Américains disposent d'énormes moyens financiers et technologiques. Ils ont, avec les pays d'Europe occidentale ou le Japon, la capacité de maîtriser tous ces outils. Le modèle très libéral pour les économies et la vie sociale entraîne des réactions de rejet qui peuvent parfois être très violentes, par exemple en Iran ou dans certains mouvements très intégristes, comme les talibans en Afghanistan, mais aussi chez certains Juifs ultra-orthodoxes, les haredim (les « craignants-Dieu »), ou parmi les catholiques intégristes. Tous ont pour caractéristique de refuser le monde moderne et de privilégier le respect de la tradition, et ce au détriment de la liberté de ceux qui les suivent, surtout des femmes.

— *Je trouve cela terrible, ce que tu dis, alors que c'est formidable de pouvoir communiquer avec n'importe qui, dans n'importe quel coin du globe. Est-ce qu'il ne peut pas y avoir une culture planétaire qui soit compatible avec les cultures locales ?*

— L'un des problèmes majeurs du XXIe siècle sera

de déterminer comment il est possible de concilier les progrès de la technologie avec la préservation des richesses culturelles de chacun. Tous ensemble, mais tous différents. L'exacerbation des tensions politiques, économiques, culturelles vient beaucoup de la globalisation. Les décideurs politiques auront à résoudre ce problème, qui est autant économique que culturel. Il est regrettable que tous ne le comprennent pas et croient qu'il suffit d'édicter quelques principes de libre-échange pour résoudre les problèmes.

– *Oui, mais nous, les jeunes, on ne voit pas forcément les choses comme ça.*

– Pourquoi ?

– *Parce que nous sommes nés avec les nouvelles technologies. Pour nous, c'est très naturel, on s'en sert tout le temps, c'est un peu notre culture à nous.*

– Tu veux dire que, pour toi, Internet est très caractéristique de ta culture, de ta génération, ce que tu appelles la « culture jeune » ?

– *Oui, c'est cela.*

– Raconte-moi.

– *Nous avons la même vie tous les jours. Aller au collège à 8 heures, manger à la même cantine, écouter les mêmes professeurs, fréquenter les mêmes amis, avoir les mêmes centres d'intérêt et de discussion, les mêmes goûts vestimentaires, musicaux, complètement différents des vôtres à votre âge. Ce n'était pas pareil de ton temps ?*

– A mon époque, c'était la même chose. Je me ressentais assez différent de mes parents. D'ailleurs, chez moi, on parlait aussi russe. Je voulais, par réaction, m'intégrer complètement à un milieu très français. Je lisais les bandes dessinées des jeunes de mon âge : *Tintin, Spirou*. Mes parents l'acceptaient, mais, pour eux, un livre, c'était du texte. Les dessins animés, les bandes dessinées, c'étaient des loisirs pour enfants, pas très sérieux ! C'est aujourd'hui devenu un genre majeur reconnu par les adultes, qui fait l'objet de salons, de festivals, de publications, de recherches… C'est amusant ! Pour la musique, c'était pareil. Ils trouvaient notre musique horrible. Ils ne comprenaient pas qu'on écoute Johnny Hallyday, Sheila… Moi, c'est pareil, je n'apprécie pas toujours la musique que tu écoutes. La techno me casse les oreilles. Mais vous avez votre façon de vivre. C'est une culture qui s'oppose à celle des parents. C'est un conflit classique de générations.

– *Mais les Beatles, de votre génération, nous les écoutons également.*

– A chaque génération ses modes et ses talents. Ils sont ensuite repris ou rejetés par les générations suivantes. Nous évoquions tout à l'heure la bande dessinée et les Beatles, ils font désormais partie du patrimoine universel. La culture est aussi un patrimoine qui s'enrichit de génération en génération. Une sélection s'opère. Il y a beaucoup de chanteurs et de musiques appréciés à une certaine époque : ce sont des signes de reconnaissance au sein d'une génération, mais ils ne restent pas pour la postérité ! C'est vrai pour la mode, les films, la musique, les livres, etc. On en oublie certains, tandis que d'autres demeurent et viennent enrichir le patrimoine national et mondial.

– *Oui, mais pour nous, les jeunes, il y a une différence majeure. Tout ce qui touche à l'ordinateur est né à l'âge où nous pouvions commencer à y toucher. Donc, nous avons pris conscience de la vie avec l'ordinateur. Ce n'est pas vrai pour la génération au-dessus, parce que, pour eux, même pour mes frères et sœurs, et pour toi, c'est complètement nouveau, complètement incroyable. Pour nous, c'est naturel.*

– Pour nous, l'avion, le téléphone étaient naturels, pas pour mes parents. Vous, vous vous êtes complètement approprié Internet, vous avez l'impression que c'est votre affaire, c'est normal.

– *Tout à fait. Avec Internet nous trouvons à peu près tout ce que nous voulons, tout ce que nous cherchons, on se débrouille : communiquer entre nous par l'e.mail, et avec différents pays, et même si ça peut paraître un peu compliqué, en général on y arrive. C'est devenu très important pour nous.*

– Tu as raison. Et tu t'en sers beaucoup, toi ?

– *Oui.*

– Et pourquoi ?

– *Pour naviguer dans le monde, pour mon travail, pour les loisirs, pour chercher sur les différents sites ce qui m'intéresse : les films, la musique, les chanteurs. Je regarde les images, je lis les textes, je regarde comment sont faits les sites. D'ailleurs, il y a un garçon dans ma classe qui a pris des photos du collège pour créer un site Internet sur notre classe de troisième. C'est le site de notre classe. Pour nous, c'est génial, parce que, s'il y a des gens de notre âge à l'autre bout du monde qui partagent notre culture jeune, et qui ne connaissent pas notre culture de banlieue parisienne, celle de notre famille, ils peuvent la comprendre et communiquer avec nous. Je ne sais pas comment ils font pour arriver sur ce site, mais à un moment, ils verront ce qu'est un collège en France, son ambiance. C'est formidable.*

– Avez-vous l'impression qu'avec Internet vous allez unifier les jeunes des pays du monde entier ? Abolir les barrières entre les cultures nationales, par exemple ? Pour vous, le fait d'être français ou européen est moins important que de faire partie de ce réseau d'Internet ?

– *Je ne sais pas. Moi, je suis fière d'être française, parce qu'on a gagné la Coupe du monde de football. Ça a été un grand événement.*

– Ah, tu vois ! La France ne t'est pas indifférente...

– *J'ai été contente le jour de la finale sur les Champs-Élysées. Mais à part cela, ça m'est un peu égal. Bon, d'accord, la France est un beau pays, il y a de jolies régions, de beaux bâtiments, de beaux paysages. C'est une histoire très riche. Et puis ça me fait plaisir quand on me dit « Paris, c'est beau ». Et moi-même, j'aime bien me promener dans Paris.*

– Pour toi, l'amour de la France, ça n'est pas important ?

– *Non, quand j'étais en Angleterre, au collège, beaucoup d'étrangers me disaient : « Quelle chance tu as, tu manges bien, et Paris, c'est formidable. » Cela me faisait plaisir, mais l'amour de la France, je trouve ça ridicule.*

– Et pourquoi tu trouves cela ridicule ?

– *Parce que je me sens complètement liée à ceux qui ont mon âge, aux garçons et aux filles de mon âge, où qu'ils soient dans le monde, et surtout en Europe.*

– Mais l'Europe, c'est quoi pour toi ?

– *L'Europe, c'est l'ensemble des pays qui sont autour de nous, et moi, je trouve ça bien de s'ouvrir sur d'autres cultures. La culture française, c'est bien, mais les Allemands, les Anglais, les Italiens, même si je ne les connais pas très bien, je trouve ça intéressant, ça me plaît.*

– Mais, au fond, tu ne sais pas très bien ce que c'est.

– Non, mais enfin, on nous a beaucoup parlé de l'euro depuis notre enfance. On nous dit que c'est l'Europe notre univers, notre avenir, donc, moi je l'ai intégré. Et je me considère aujourd'hui plus européenne que française, même si la France, ça me plaît. Mais enfin, pas plus que ça.

– Ta conscience européenne ne me paraît pas très claire… Mais, par rapport à la culture américaine, qu'est-ce que tu en penses ? Quand tu bois du Coca-Cola, quand tu regardes des feuilletons américains, qu'est-ce que cela veut dire pour toi ?

– Pour moi, l'Amérique est un pays comme un autre, mais en même temps ils font beaucoup de choses, on a l'impression qu'ils sont en avance sur tout. J'aime bien les films américains. Les États-Unis, c'est quand même le centre du monde. Même s'il y a des mauvais côtés comme partout, par exemple leur nourriture, ça je n'aime pas…

– Ça ne t'empêche pas d'aller au McDo, tu adores ça.

– … et puis l'histoire Clinton-Lewinsky, j'ai trouvé ça ridicule. Cependant, la série que je préfère à la télévision, c'est Friends.

– Ah bon, pourquoi ?

– Parce que ça me fait rire, il y a de l'humour. Friends *raconte la vie de jeunes adultes qui vivent entre eux à New York dans un appartement. Tous les sujets tabous sont abordés et traités de façon comique. Il y a des gags, des situations que nous*

pourrions connaître. Les acteurs jouent très bien. Alors que dans les séries françaises, par exemple, il y a des histoires de meurtres, de viols, ce n'est pas drôle, ce n'est pas vraiment la réalité, donc cela ne m'intéresse pas tellement. Et puis il y a les jeux vidéo, mais ça, c'est plutôt pour les garçons...

– Dis donc, tu me parais bien « sexiste » et « conformiste »... Dans ce que tu appelles la « culture jeune », il y a une grande différence entre les filles et les garçons ?

– *Oui et non. Il n'y a pas de barrière entre nous. Mais nous, on regarde* Ally Mac Beal, *alors que, eux, ils jouent aux* War Hammers.

– Qu'est-ce que c'est ?

– Ally Mac Beal, *c'est une série pour les filles. C'est l'histoire d'une avocate qui rate tout, parce qu'elle est timide... Toutes, nous la regardons, et aussi les mères de mes amies. Les* War Hammers, *ce sont des petites figurines de guerriers, en fer ou en plastique. Les garçons s'achètent de la peinture, ils doivent les peindre, c'est très minutieux, cela coûte très cher.*

– Combien ?

– *Dans les 60 ou 100 francs. Et chacun fait son armée.*

– Somme toute, vous avez réinventé les soldats de plomb en les baptisant d'un nom américain...

– *Je ne sais pas. Ce sont comme les armées du Moyen Age. Chacun compose son armée et, après, ils font des guerres.*

– Arrête ! C'est désespérant, ce que tu me racontes. Et après cela, nous allons discourir sur le progrès technologique et la culture planétaire !

– *Mais, Papa, c'est comme ça ! Ils les achètent*

dans des Game Works Shops, des magasins spéciaux où l'on trouve des maquettes de bataille, des cartes pour faire des plans. Une carte coûte entre 300 et 400 francs.

– Mais c'est horriblement cher !

– *Oui, c'est pour cela qu'il y a des clubs et des magazines spéciaux, mais c'est une passion et certains joueurs ont 20 ans.*

– Et vous, pendant ce temps-là ?

– *Nous, on parle entre nous.*

– Ah bon ? En tricotant ? Bravo, la communication entre les jeunes de sexe différent ! En somme, rien n'a changé… Pauvre Simone de Beauvoir ! Et votre langage ?

– *Quand nous sommes entre nous, nous avons notre vocabulaire, nos expressions, nos héros. Le verlan, bien sûr, tu sais, ce que tu essaies désespérément de parler…*

– Ça va, ça va. Vos héros ?

– *Certains aiment Marilyn Manson, chanteur qui tient son nom d'un* serial killer *américain qui a commis des crimes épouvantables. Il est complètement fou, et certains lui vouent une grande admiration et sont satanistes.*

– Satanistes ?

– *Ce sont des gens qui adorent Satan, et il y en a dans mon collège.*

– Je croyais que c'était plutôt Leonardo DiCaprio…

– *Oui, bien sûr, surtout les filles. D'ailleurs, j'ai vu quatre fois* Titanic *en salle et autant en vidéo. Quand nous sortons entre amies, nous allons plutôt voir les films américains que les films français.*

– Arrête ! Je n'en peux plus. Pourquoi ?

– *Parce que, dans les films américains, il y a des effets spéciaux, il se passe beaucoup de choses, alors que, dans les films français, c'est plus compliqué, il faut réfléchir, c'est moins spectaculaire, il y a moins de stars.*

– Je me demande parfois à quoi cela sert d'avoir fondé Arte…

– *Mais, Papa, les films américains, on en voit depuis l'enfance. Avec Walt Disney, on est habitués, c'est toi qui m'y as emmenée.*

– Tu exagères. Mais quand même, Arte, la Cinquième… Je vais passer pour quoi ?

– *Spontanément, quand je rentre du collège, je regarde les séries. Bien sûr, il y a des documentaires intéressants, mais il faut les prendre au début. L'Égypte, sur la Cinquième, c'était bien. Mes copines, la plupart du temps, quand elles regardent Arte, c'est avec leurs parents, surtout les émissions historiques, les thémas, mais toutes seules…*

– C'est déjà ça !

– *Ah si, je regarde aussi* Cent pour cent questions, *sur la Cinquième ! Et puis les émissions sur les animaux, les voyages, mais j'utilise aussi beaucoup les CD-Rom. Quand je suis à la maison, malade, je préfère Canal + et Jamel, mais, rassure-toi, je regarde la Cinquième et, c'est vrai, j'apprends beaucoup de choses.*

– Tu vois, la télévision peut aussi servir à apprendre… et pas seulement à regarder des inepties.

– *Oui, sur le chocolat, il y avait une théma, c'était super.*

– … Bon. Et la lecture ? Tu lis plutôt des livres français, non ?

– *C'est vrai. En ce moment je lis* La Chartreuse de Parme. *Ma professeur de français m'a dit que si on aimait Balzac c'était bien de commencer Stendhal par celui-là.*

– Et ça te plaît ?

– *Oui, oui, ça me plaît, sauf la fin, je trouve que Stendhal l'a expédiée en quelques pages, alors que le lecteur s'est installé dans le roman. D'un seul coup, ça se termine brutalement, je ne comprends pas pourquoi.*

– Qu'as-tu lu auparavant ?

– *J'ai lu* 37° 2 le matin, *de Philippe Djian. C'est un autre genre, mais j'aime bien aussi.*

– Tu vois, si ton professeur ne t'avait pas dit de lire *La Chartreuse de Parme*, tu ne l'aurais pas lu, surtout si c'est moi qui te l'avais conseillé…

– *Papa, tu me l'as déjà dit. Je sais.*

– Je t'agace un peu, mais c'est pour te faire comprendre que l'éducation, c'est essentiel. Si tu n'avais pas de professeurs, en dehors de ton milieu familial, pour te faire découvrir des auteurs, t'expliquer comment ils écrivent, te transmettre un certain nombre de connaissances dans tous les domaines, ta culture générale, ta connaissance du monde seraient tout à fait insuffisantes.

– *Je n'ai jamais dit que ce n'était pas important.*

– Non, mais souvent tu râles, tu crains que cela ne t'ennuie.

– *Oui, mais je sais bien que, pour apprendre un métier, il faut que j'aille à l'école. Mais, pour les livres, il n'y a pas que les professeurs ou les bibliothèques.*

– C'est-à-dire ?

– *Eh bien, par exemple, quand je suis allée voir*

Roméo et Juliette *(avec Leonardo DiCaprio), ça m'a beaucoup plu. En sortant, j'ai pris le livre de Shakespeare, et je ne l'aurais pas lu si je n'avais pas vu le film avec Leonardo DiCaprio.*

– Merci, Leonardo ! Donc, tu passes par le cinéma américain pour découvrir la littérature, les chefs-d'œuvre de la littérature anglaise.

– Pourquoi pas ? Par exemple, récemment j'ai vu un film qui m'a beaucoup plu qui s'appelle Cruel Intentions. *Je crois que c'est tiré d'un livre français. Ça m'a donné envie de le lire.*

– Ah oui, tu veux parler des *Liaisons dangereuses*, de Choderlos de Laclos !

– Oui, oui, c'est ça. Eh bien, je crois que je vais le lire.

– Ça me laisse sans voix ; mais enfin, après tout, si ça te permet de découvrir un chef-d'œuvre de la littérature, pourquoi pas ? Moi, j'ai bien lu *Fanfan la Tulipe* après avoir vu le film. C'est Gérard Philipe qui m'a fait découvrir les romans de cape et d'épée.

– Alors, tu vois. Mais je voudrais te poser une question. La culture, ça appartient à l'éducation, ou l'éducation appartient à la culture ?

– Je ne crois pas que le mot « appartenir » convienne très bien. La question est plutôt de savoir comment on passe de l'une à l'autre, et ce n'est pas une question simple. L'apprentissage est nécessaire. Lorsqu'on parle d'éducation, il s'agit d'accéder à des connaissances auxquelles personne n'a accès spontanément. En tout cas, jamais de la même façon. Il faut faire marcher sa tête pour comprendre un certain nombre de phénomènes, ce qui est nécessaire pour ensuite trouver sa place dans la société, pour comprendre la façon dont elle fonctionne. Cela passe par des contraintes, et le système scolaire est un système de contraintes, avec un enseignement, un professeur qui transmet aux élèves des savoirs. L'effort et le travail. Cela peut procurer aussi du plaisir.

– *Je refuse les contraintes !*

– Tu seras punie ! Non, sérieusement, comment veux-tu former ton intelligence et ta mémoire sans discipline ? Il faut que tu l'acceptes. Pendant un certain nombre d'années, tu ne vois pas nécessairement la finalité de ce qu'on t'apprend. Puis, progressivement, tu parviendras à dominer les disciplines enseignées. Alors, évidemment, la culture s'apprend par l'éducation, très largement. Quand je parle de culture, il s'agit de l'ensemble des connaissances qui permettent de se situer dans la société, la culture générale, dont j'ai déjà parlé. Et si l'on revient à la définition plus restreinte du mot « culture », c'est-à-dire, peut-être, à tout ce qui touche aux arts, à l'esthétique, au beau, les plus chanceux – dont tu fais partie – peuvent y avoir accès par l'éducation familiale ou par des amis, ou bien spontanément quand un choc esthétique se produit. Mais surtout par l'école. C'est pour cette raison qu'elle est obligatoire. Et quand tu apprends une langue étrangère, par exemple l'anglais, le russe, cela te permet de découvrir un pays, une littérature, un mode de pensée différents des tiens.

– *En fait, si je te comprends bien, pour se débrouiller dans la vie, on a forcément besoin de culture.*

– Naturellement. Prenons un exemple. Tu as entendu parler du Kosovo ? Oui, eh bien, si tu ne connais pas l'histoire de l'Europe, si tu ne sais pas ce qui s'est passé dans les Balkans depuis le

XIXe siècle, tu ne peux rien comprendre. C'est là qu'a éclaté la Première Guerre mondiale, tu l'as appris en histoire ?
– *Oui.*
– Tu vois, si tu n'avais pas eu les cours d'histoire pour t'apprendre et te faire comprendre un minimum de faits et d'analyses, tu ne comprendrais pas la guerre entre le Kosovo et la Serbie aujourd'hui. Comme en 1914, c'est encore une réaction identitaire.
– *Donc, la culture englobe tous les sujets ?*
– Oui. A moi de te poser une question. Réfléchis. A l'école, as-tu appris quelque chose qui t'a ouvert un domaine de connaissance ou d'émotion auquel tu n'aurais pas eu accès autrement ?
– *Je ne sais pas, peut-être la poésie. Pour moi, la poésie me procure une émotion très spéciale. Il y a un poème que m'ont appris Claire et Charlotte, elles l'ont appris en classe. Il s'appelle « La rose et le réséda », d'Aragon. Et c'est vrai, il est très beau.*
– Tu peux me le réciter ?
– *Eh bien, oui. Je ne le connais pas par cœur, mais le début c'est :*

> « Celui qui croyait au ciel
> Celui qui n'y croyait pas
> Tous deux adoraient la belle
> Prisonnière des soldats
> Lequel montait à l'échelle
> Et lequel guettait en bas… »

Et puis en classe aussi j'ai bien aimé, de Victor Hugo, « Demain dès l'aube ».
– Alors, tu vois, tu as découvert la poésie au collège.

– *Oui, c'est vrai, elle ne fait pas partie de mon quotidien, ni de la culture jeune, mais je l'aime. Je trouve cela beau. Les écrivains racontent souvent leur histoire. Les poètes expriment leurs sentiments, donc la poésie est plus mystérieuse, plus rare. C'est cela qui me plaît.*

– Et à tes amies aussi ?

– *Oui. Par exemple, Charlotte a navigué sur Internet, et elle s'est arrêtée sur une poésie de Verlaine sur la pluie, je crois.*

– « Il pleure dans mon cœur comme il pleut sur la ville », c'est ça ?

– *Oui, oui, c'est ça.*

– Eh bien, voilà ! Nous avons fait le lien entre l'éducation par les professeurs qui vous ont appris à connaître la poésie, la culture jeune, puisque vous vous l'appropriez en passant par Internet, et l'émotion artistique et esthétique qui, finalement, vous fait découvrir un univers que vous ne connaîtriez pas autrement. La démonstration est faite. D'ailleurs, si je te demande : Judith, tes souvenirs d'émotion, d'émotion esthétique, ce qui t'a paru beau, qu'est-ce qui te vient à l'esprit ?

– *Et toi ?*

– Moi ? Mais si je te réponds, tu me répondras aussi, d'accord ?

– *D'accord.*

– Bon. La poésie, je l'ai découverte avec Musset. Ma mère avait une belle édition de ses poèmes. J'en lisais souvent : « Mes chers amis, quand je mourrai, plantez un saule au cimetière… » J'adorais Musset, sa poésie me touchait beaucoup. Je me récitais, seul, ses poèmes. Plus tard, c'est peut-être banal à dire, mais c'est la lecture de Proust qui m'a changé la vie.

J'avais 16 ans. Pendant un an, je n'ai lu que lui et j'ai compris tant de choses sur les sentiments, l'expression des émotions amoureuses et esthétiques. Un livre décisif pour moi. Je n'ai plus jamais vu le monde de la même façon. C'est une expérience unique.

– *Quoi encore ?*

– La musique. Tu me parlais de la « musique jeune ». Pour moi, c'était différent. J'étais souvent seul à la maison. Ma mère m'avait fait apprendre le piano. J'en ai joué beaucoup. J'écoutais des disques tous les jours. Surtout Chopin, qui me faisait pleurer et que je jouais ensuite, mal bien sûr, mais c'était sans importance, surtout les *Préludes*. Et puis j'ai découvert Schubert, dont certains morceaux m'ont accompagné toute ma vie. Je pense aux *Sonates tardives*, et aussi à la *Mélodie hongroise en si mineur* qui est liée à des moments d'émotion forte, à l'amour. Je ne peux l'écouter sans me plonger dans la rêverie.

– *Pourquoi ?*

– Parce que certaines œuvres lues, entendues ou vues à certains moments restent gravées en nous à jamais. Ce sont des événements importants dans la vie. Des tremblements de terre parfois. Je te parlais de Proust. Mais quand j'ai lu Jean Genet, à 18 ans, cela a été un choc. Et la première fois que j'ai vu à l'Opéra *Pelléas et Mélisande*, cela m'a procuré un sentiment de très grand plaisir, comme si un autre univers de sons s'ouvrait à moi. Et je suis prêt à renouveler l'expérience ; je l'ai fait avec Phil Glass plus récemment. C'est la même chose avec un tableau. A ton âge, je suis resté des heures devant une vierge de Botticelli : peut-être était-ce la découverte de la féminité, de la grâce ? Et la danse m'a initié aux beautés du corps humain. Et la lecture de Proust m'a fait comprendre l'intensité et l'importance de ces sentiments. Leur cohérence aussi. Et cela me touche de t'en parler. A toi maintenant.

– *Moi ? Le soir, par exemple, si le ciel est beau et dégagé, il y a plein d'étoiles dans la Voie Lactée. Je trouve cela magnifique de voir le ciel étoilé, cela me bouleverse ; et puis c'est l'infini, une partie de l'univers, que l'on ne connaît que par des analyses scientifiques. J'imagine que cela me relie à quelqu'un qui penserait comme moi dans l'univers et que je ne connais pas. C'est cela, pour moi, la beauté. Pour l'infini qu'il y a derrière.*

– C'est très important ce que tu dis. Tu découvres que, dans l'idée de beau ou dans l'art, dans la beauté de la nature en l'occurrence, il y a l'idée d'éternité. Quelque chose qui nous dépasse. Le temps de la beauté est immortel. Pour cette raison, les hommes l'ont divinisée et l'art est né de la religion, nous en reparlerons. As-tu des exemples d'émotions qui ne te soient pas venues des spectacles du ciel ou de la nature ?

– *Oui, quand nous sommes allés en Égypte : à Karnak, le temple où il y avait toutes les énormes colonnes.*

– La salle hypostyle du temple d'Amon, près de Louxor.

– *C'était tellement impressionnant que je ressentais, physiquement, un sentiment d'écrasement ; j'avais conscience d'être toute petite. Je me demandais si ces colonnes avaient été édifiées par des hommes. Même les photos ne peuvent procurer l'impression que j'ai éprouvée.*

– Parce qu'il s'agit d'architecture, c'est-à-dire de

constructions humaines, dans leur édification, mais surhumaines dans leur finalité. Le temple d'Amon était immense ; y vivaient 80 000 personnes, artisans et prêtres, pour célébrer le Pharaon, qui était l'incarnation à la fois du pouvoir civil et religieux, et aussi pour y célébrer les autres dieux. Ils ont élevé cette salle géante avec ses colonnes, qui ont survécu à travers les siècles aux pillages, aux tremblements de terre, aux guerres. Cela fait plus de 4 000 ans qu'elles sont là, et tu as pris physiquement conscience de cette histoire, de cette puissance humaine et divine en découvrant les hiéroglyphes, ces vestiges de peinture, cette civilisation aujourd'hui disparue. Cela t'a procuré ce sentiment très puissant, que tu as ressenti sans bien le comprendre. Et le caractère sacré de l'ensemble te projette, comme le ciel ou le désert, vers l'infini et le mystère de l'univers, ce qu'ont magnifiquement compris et illustré les artistes égyptiens et les architectes.

– *Alors, c'est ça que tu appelles l'art ?*

– Attends, tu vas trop vite. Là, tu poses une question terriblement compliquée. Nous allons essayer de comprendre. Ceux qui ont fait le temple de Karnak, les pyramides, ou décoré les tombes de pharaons que nous avons visitées, tout comme ceux qui ont bâti les cathédrales en France ou en Europe, étaient essentiellement motivés par la religion. Ils étaient prêtres, architectes, artisans, tailleurs de pierres, forgerons, sculpteurs, verriers, et ils n'avaient pas conscience d'être des artistes. Ils essayaient simplement de faire le mieux possible, reproduire des scènes de la vie courante, montrer ce qu'ils étaient avec les moyens techniques qui étaient les leurs à l'époque, pour célébrer la gloire de leur Dieu, que ce soient les divinités égyptiennes ou le Dieu des chrétiens. Entre eux, pas de différence. Il s'agissait de s'inscrire dans une démarche collective avec les prêtres, au service et dans la crainte de Dieu.

– *Oui, mais si on ne croit pas en Dieu ?*

– A l'époque, tout le monde vivait dans la crainte de Dieu ou des dieux. Toute la peinture, toute la sculpture, toute l'architecture, jusqu'à une date très récente, étaient essentiellement liées à l'idée du sacré. Les touristes viennent du monde entier pour admirer Notre-Dame, parce qu'il a fallu cent ans pour construire cette cathédrale. Tous ceux qui ont travaillé à l'édification de ce monument ont passé des années de leur vie, voire toute leur vie, et leurs enfants aussi parfois, pour réaliser un chef-d'œuvre qui est là depuis plus de six siècles. Ce que nous appelons « art » aujourd'hui, en visitant les tombes des pharaons d'Égypte ou en admirant les sculptures ou les vitraux des cathédrales de France, n'était, à l'époque, que l'expression d'un sentiment religieux, lié au besoin de s'inscrire dans l'éternité et de surmonter ainsi l'angoisse de la mort. C'était la même démarche que celle des Dogons, au Mali, avec leurs cases et leurs masques dansants.

– *Oui, mais quand je vais dans un musée et que je vois toutes les peintures religieuses avec le Christ, la Sainte Vierge, les dorures qui datent de l'époque des cathédrales, cela m'ennuie, cela ne me touche pas du tout.*

– Peut-être parce qu'elles sont sorties de leur contexte, mais tu apprendras peu à peu à découvrir dans chaque peinture, ou dans la sculpture, ce qui te touche. Tu admires parfois les couleurs ou la forme, ou la qualité du dessin. Donc, cela ne t'est pas indifférent. C'est du travail bien fait, tu le vois, et cela peut également te toucher. Qu'est-ce que tu aimes comme peinture ?

– *Cet été, au cours d'un séjour en Angleterre, j'ai passé une journée à Londres à la National Gallery. Certains tableaux m'ont plu.*

– Par exemple ?

– *Pour certains, il y avait juste un trait de lumière à l'endroit où il faut, alors ils me procuraient une sensation de peur, ou d'angoisse.*

– Tu te souviens des tableaux dont il s'agit ?

– *Non, mais je me souviens de Degas. J'admire son travail. Quand je regarde un tableau, il y a toute l'histoire du tableau que j'essaie de comprendre, l'histoire de ses danseuses, l'expression de ses personnages, et le choix des couleurs.*

– Tu vois, tu as défini toi-même ce qui t'intéresse. Ce qui peut te paraître beau dans la peinture, c'est la qualité du travail de l'artiste. Soit qu'il cherche à reproduire une réalité à sa façon, soit qu'il cherche à l'interpréter très librement ; dans ce cas, cela peut produire des peintures très différentes de la réalité. Mais cette vision du monde qu'il propose, c'est aussi ce qui fait l'originalité d'un tableau. Quand il rencontre ton regard, peut naître un sentiment de beauté qui va te toucher. Cela peut se produire aussi en écoutant de la musique ; une œuvre va t'émouvoir, t'emporter dans un rêve, te procurer des sentiments violents parce que, comme en peinture, la sensibilité du compositeur et de l'interprète rencontre la tienne. Elle y parvient parfois. C'est un sentiment très fort.

– *Papa, qu'est-ce qu'une « œuvre d'art » ?*

– Ça, c'est la pire des questions ! Chaque artiste

se la pose, et personne aujourd'hui n'est capable d'y répondre. Beaucoup de livres sont consacrés à l'art et à l'artiste. Je pourrais dire : « C'est ce qui te procure une émotion », mais c'est insuffisant, car tu peux ressentir des émotions dans de nombreuses circonstances, sans œuvre d'art, heureusement !

– *Alors ?*

– Il faut faire un peu d'histoire. Il y a trois époques importantes dans l'art, ou plutôt dans l'histoire de la peinture en particulier, car c'est un peu différent pour les autres arts, même si les grandes lignes sont les mêmes. Il y a la période classique, qui a duré jusqu'en 1860-1880, c'est-à-dire jusqu'aux impressionnistes. Puis, il y a l'art moderne, jusqu'aux années 1960. Et enfin l'art contemporain, celui d'aujourd'hui.

– *Mais c'est vrai aussi pour la littérature ? Et la musique ?*

– Toutes les formes d'expression artistique sont liées à une époque, à des systèmes politiques, des relations économiques, sociales, historiques, qui influencent les artistes, quelle que soit leur discipline. Le romantisme, au XIXe siècle, s'est exprimé dans le théâtre avec Musset, en peinture avec Delacroix, ou en musique avec Chopin. Mais restons sur l'exemple de la peinture.

– *Pourquoi ?*

– Parce que c'est peut-être l'art le plus significatif de cette évolution. Dans la période classique, l'art sacré était très lié à la vie religieuse, je te l'ai dit ; tout entier tourné vers la glorification de Dieu, que ce soit le Dieu des chrétiens ou le Dieu des musulmans ou le Dieu des juifs. Quand les Arabes ont construit la mosquée de Cordoue, en Andalousie, elle a été décorée avec des versets du Coran, car il était interdit de représenter la figure humaine. Cette interdiction, qui est dans le Coran, a donné naissance à la calligraphie. Partout, les contraintes techniques – matériaux utilisés par exemple – ou sociales, religieuses, se sont imposées aux artistes. Naturellement, cela a évolué avec les époques. A l'époque classique, une œuvre d'art se définissait par trois critères : l'enseignement des maîtres, la connaissance des Antiques et l'observation de la nature. D'abord, la qualité du dessin, et cela s'apprenait à l'école – l'école des Beaux-Arts –, sous la contrainte : c'était cela l'enseignement des maîtres. Ensuite, le deuxième critère, la connaissance des Antiques…

– *Qu'est-ce que cela veut dire ?*

– Les Antiques, ce sont les Anciens, Grecs et Romains, considérés, depuis la Renaissance – qui les a redécouverts après des siècles d'oubli – jusqu'au XIXe siècle, comme les maîtres absolus de l'architecture, de la sculpture, du dessin. Les critères de la beauté, définis par les Grecs, ont influencé nos artistes et servi de modèles durant toute cette période. C'est pour cela que les étudiants allaient à Rome, par exemple, ou en Méditerranée, à Athènes. Napoléon avait créé une académie de France à Rome, la Villa Médicis, où les artistes devaient séjourner pour étudier. Peintres, compositeurs, historiens de l'art y sont allés : Ingres, Debussy, David et beaucoup d'autres. C'était obligatoire. Et puis, enfin, le troisième critère, l'observation de la nature, parce qu'il était établi, comme tu le disais tout à l'heure à propos du ciel et des vagues, que c'est dans la nature que se trouve la beauté. Ces trois critères définissaient l'œuvre d'art.

– C'est très bien, mais est-ce suffisant ?

– A l'époque, oui. Mais à la fin du XIXe siècle, il y a eu une remise en cause de ces critères. La mise en question des classiques a été brutale, même si l'on devine certaines filiations. Par exemple, Cézanne, qui a été un des premiers à rompre avec l'art classique, se référait à Poussin, grand peintre du XVIIe siècle. Et Van Gogh était influencé par les Japonais, tout comme Degas et Manet qui étudièrent de près les estampes japonaises. Cette recherche de nouvelles sources d'inspiration traduisait une lassitude à l'égard des canons de la représentation et de l'esthétique. C'est pour cela que l'art primitif a été redécouvert, car il apportait une autre vision de l'art et dérangeait profondément. Bien sûr, les artistes qui s'inscrivaient dans cette démarche n'ont pas été reconnus à leur époque, surtout Van Gogh, comme tu le sais. Les références à l'art classique étaient nombreuses, même si les impressionnistes travaillaient beaucoup sur la lumière et s'intéressaient moins aux sujets et aux formes. C'était une différence fondamentale par rapport à ce qui se faisait jusque-là, même s'il y avait des précurseurs comme Le Lorrain, en France, ou Turner, en Angleterre.

– Mais c'est injuste de penser que les tableaux de Van Gogh sont maintenant achetés partout dans le monde entier, et qu'il est mort sans un sou.

– Ce n'est pas le seul. Beaucoup d'artistes, dès qu'ils innovent, sont critiqués et rejetés. Rembrandt, grand peintre hollandais du XVIIe siècle, a été rejeté dès qu'il a voulu vraiment représenter ce qui lui plaisait. Rodin, l'un de nos plus grands sculpteurs, s'est vu refuser, au début du siècle, le droit d'exposer ses œuvres. Ce qui fait la notoriété d'un peintre, c'est aussi la reconnaissance par les « autorités ».

– *Tu ne m'as toujours pas défini l'œuvre d'art ?*

– Si. Je t'ai donné les critères de reconnaissance à l'époque classique.

– *Bon. Mais qui sont ces « autorités » qui reconnaissent le peintre ?*

– D'abord, il y a l'institution officielle, c'est-à-dire les musées. Par exemple, au XVIIIe et au XIXe siècle, il y avait les salons officiels où l'on achetait, ou pas, des œuvres de peintres selon qu'ils répondaient, ou non, aux critères esthétiques de l'époque. Et tous les impressionnistes, en tout cas la plupart d'entre eux, ainsi que les sculpteurs, comme Rodin ou Camille Claudel, ne rentraient pas dans cette catégorie. Les musées achetaient des peintures très académiques, jamais la peinture des nouveaux peintres, ceux qui sont considérés aujourd'hui comme des peintres particulièrement remarquables. Cela donnait lieu à des polémiques terribles. C'est d'ailleurs la même chose en littérature. A la même époque, Victor Hugo se fit insulter quand il écrivit et fit représenter *Hernani* : ce fut une furieuse bataille ! Et le compositeur Berlioz présentait sa musique devant des salles vides ! Ensuite, deuxième « autorité », le marché : il faut un acheteur et un vendeur. Il n'y en a pas toujours. Beaucoup de peintres dérangent, parce qu'ils ne répondent pas aux critères de l'orthodoxie du moment. Ils ne sont pas reconnus et donc pas achetés. C'est le talent de grands collectionneurs privés ou de grands marchands de détecter les tendances nouvelles et de les faire reconnaître. Et puis, enfin, en troisième lieu, il y a les critiques. On dirait aujourd'hui les critiques et les « médias », la presse, tous ceux qui jouent un rôle dans le milieu artistique et font, ou défont, la réputation d'un peintre. Seuls quelques critiques, quelques marchands et aussi les autres artistes décident des talents nouveaux. Ce fut le cas de Baudelaire, admirateur de Delacroix au XIXe siècle ou de Diderot au XVIIIe, qui défendait Greuze et Chardin. Mais la plupart suivent l'opinion dominante. Ce sont ces trois critères finalement – les institutions, le marché, les critiques – qui font d'un artiste un talent reconnu ou rejeté. Mais ce n'est pas pour autant qu'il rentre dans la catégorie de « grand artiste ».

– *Alors, que faut-il de plus ?*

– La postérité. Rares sont les artistes qui connaissent une gloire immense de leur vivant ; en général, il faut un peu de recul et de distance.

– *Si. Picasso.*

– C'est vrai, mais pas durant toute sa vie, et c'est l'exception qui confirme la règle. Victor Hugo aussi, même s'il a été banni, très attaqué, comme Zola, à la même époque. Molière, de son temps, et tant d'autres ont été à la fois admirés et vilipendés. C'est aussi cela le grand artiste : celui qui n'a pas peur d'affronter le jugement de ses contemporains, au risque de choquer ou de déplaire. Il est mû par une force créatrice intérieure et se moque de ce que l'on pense. Il faut beaucoup de courage… ou d'inconscience. Mais revenons à ce que je te disais tout à l'heure. Il y a eu la période classique, puis la période moderne. Quant à la période contemporaine, on peut la faire démarrer avec Duchamp, peintre français lié aux surréalistes dans les années 20, qui a mis en question le statut de l'œuvre d'art, quand il a exposé en 1917, ce qui a fait naturellement scandale à l'époque, un urinoir qu'il avait baptisé *Fontaine*.

C'est-à-dire qu'il prenait un objet d'usage banal, il le sortait de son contexte et le montrait à voir dans un musée ou une galerie. A sa suite, s'est développée toute la peinture contemporaine, qui a posé la question de l'œuvre d'art en des termes très nouveaux.

– *Tu veux dire qu'on ne sait plus très bien ce qu'est une œuvre d'art ou ce qui n'en est pas une, à partir du moment où l'on peut prendre n'importe quel objet et décider que c'est une œuvre d'art ?*

– A partir du moment où l'art est coupé de sa fonction religieuse, ce qui l'a longtemps caractérisé, et aussi des liens établis avec le pouvoir civil (roi, cour, représentation officielle), ce qui est une autre forme de sacralisation, à quoi peut-il se rattacher ? Comment définir l'œuvre d'art, si elle n'est que la représentation du quotidien ?

– *Mais l'autre jour, tu nous as emmenées à Bilbao avec mes amies, à la Fondation Guggenheim, pour visiter le musée d'Art contemporain.*

– Alors, qu'en as-tu pensé ? Qu'avez-vous retenu ? Vous en avez parlé entre vous ?

– *Oui. D'abord, nous avons trouvé le bâtiment très étonnant comme forme, comme matière, par rapport à la ville. L'architecture est très grande, très vaste, et puis, à l'intérieur, il y a des coins, des recoins, des passerelles. L'intérieur, c'est ce qui m'a le plus impressionnée. On n'a jamais le même angle de vue, on passe toujours d'un endroit à un autre, on a des échappées intérieures, extérieures. Alors que la ville n'est pas belle, elle est uniforme, presque monotone. C'est magnifique d'avoir réalisé ce bâtiment. Pour moi, c'est une œuvre d'art.*

– Oui, oui. Tu as tout à fait raison, c'est une œuvre

d'art. D'une certaine façon, le musée sacralise l'artiste. Ce sont les cathédrales des Temps modernes. Les musées sont l'objet de l'attention particulière des architectes et des gouvernements. Bilbao était une ville industrielle en déclin dans laquelle il y avait un chômage considérable ; les usines ont fermé les unes après les autres, et il y avait ce terrain abandonné sur le port, au centre de la ville, et c'est justement là que les autorités locales ont voulu faire un coup d'éclat. La ville a convaincu la Fondation Guggenheim de s'y installer, pour créer un effet de contraste, et l'architecte américain Franck Gery a conçu ce bâtiment.

– *En tout cas, c'est mieux que des salles alignées les unes après les autres, avec des enfilades de tableaux. Au bout de trois ou quatre salles, moi, je n'en peux plus.*

– Et parmi les tableaux, lesquels t'ont plu ?

– *J'ai beaucoup aimé un grand tableau noir et blanc, je crois que c'était du pop-art américain avec des photos, des paraboles, des autoroutes, plein de souvenirs mélangés comme si le peintre voyait sa vie.*

– C'est de Rauschenberg, un grand peintre américain contemporain.

– *Et puis un autre à côté, je crois que c'était d'Andy Warhol, où il y avait la photo de Marilyn Monroe reproduite à beaucoup d'exemplaires.*

– Oui, c'est très caractéristique de notre époque : le peintre choisit un objet ou un visage connu et le reproduit à de très nombreux exemplaires par sérigraphie, en le sortant de son contexte ordinaire. Il le donne à voir. C'est lui qui décide que c'est une œuvre d'art. Un peu comme Marcel Duchamp avec son urinoir, ou d'autres artistes qui prennent n'importe quel objet du quotidien et décident aujourd'hui que c'est une œuvre d'art.

— *Oui, mais moi, je ne trouve pas ça beau ! Ça peut paraître intéressant, bizarre, mais je ne trouve pas ça beau. De même, il y avait un tas de bonbons, des milliers de bonbons qui étaient collés dans un coin. Bon, j'ai trouvé ça amusant, ça scintillait sous la lumière, c'était un joli tas, mais de là à considérer que c'était une œuvre d'art, je trouve cela bizarre. En plus, chacun pouvait manger un bonbon.*

— Qui a dit que l'œuvre d'art devait montrer le beau ? L'œuvre d'art doit-elle être belle ou donner à penser ? C'est une interrogation fondamentale sur l'art d'aujourd'hui. Le tas de bonbons est une démarche artistique contemporaine.

— *Pourquoi ?*

— Considérer que l'œuvre d'art est périssable et qu'elle peut être consommée ; quel joli destin pour une œuvre de finir dans un estomac !

— *Tu racontes n'importe quoi ! Et un chocolat glacé, c'est une œuvre d'art ?*

— A toi d'en décider !

— *Dans le genre contemporain, je préfère les photos.*

— Pourquoi ?

— *Parce que c'est difficile, je trouve, d'être photographe, il faut trouver les bonnes lumières, les ombres, il faut avoir l'œil sur tout pour savoir ce qui peut être original. La peinture, on peut l'imaginer, la photo il faut la mettre en scène. Les grandes photos d'adolescents sur la plage, c'est plus intéressant que le tas de bonbons, même s'il y a des petites pierres qui brillent. Le fait de pouvoir les manger ne me convainc pas.*

– Bon. On ne va pas passer notre vie sur ce tas de bonbons, mais je note que tu l'as remarqué, et mieux compris que tu ne le crois. A ce propos, as-tu vu que, dans chaque pièce du musée, il y a une feuille, une notice, qui fournit les explications sur les œuvres exposées dans la salle ? A propos de cette œuvre d'art, il est dit : « Cet artiste exhibe au milieu d'un amoncellement de papiers des objets quotidiens comme des bonbons ou des impressions qui attirent le spectateur vers ses œuvres », et là : « Une œuvre composée de quelque 315 kg de bonbons à la réglisse en forme de projectile remet en question la validité de l'opinion publique en se référant plus particulièrement au militarisme et au patriotisme des États-Unis. Cette pièce a été créée l'année où a été déclenchée la guerre du Golfe en mélangeant des références à des événements contemporains à des situations plus intimes et personnelles, cet artiste construit une narration sur sa propre vie qui nous parle de la nature incertaine du sens ». Qu'est-ce que tu en penses ?

– Je n'y comprends rien du tout ! Si les responsables du musée veulent faire quelque chose de compréhensible, il faut d'abord qu'ils parlent un langage que tout le monde comprend. Et puis, je n'ai pas besoin de lire les papiers quand je visite un musée : ou ça me plaît ou ça ne me plaît pas, mais j'ai pas besoin de lire des notices incompréhensibles. Ceux qui rédigent ces notes se retrouvent entre eux, ils en discutent avec leurs mots, ils veulent tout garder pour eux. Pour nous, ce n'est pas du tout accessible.

– Tu exagères, tu ne crois pas ?

– Non. Ce n'est pas fait pour nous.

– Sur les notices du musée de Bilbao, je suis

d'accord avec toi. Mais, sur la démarche, c'est autre chose : pour repérer ou comprendre ce qu'a voulu dire un artiste, il est nécessaire de suivre sa démarche. Ce n'est pas toujours possible de le faire tout seul. Le rôle du critique d'art est aussi d'expliquer et de faire comprendre pour permettre aux regards des visiteurs de mieux approcher une œuvre. Par exemple, la première fois que Picasso a montré son travail, la plupart des gens étaient très surpris, choqués.

– *Oui, mais quand aujourd'hui je vois un Picasso, je ne me pose pas la question.*

– Pourquoi ?

– *Parce que tout le monde dit : « Picasso, c'est beau, c'est de l'art », donc je peux ne pas aimer Picasso, mais Picasso, c'est de l'art. C'est ce qu'on nous a dit, c'est quelque chose d'appris, d'enseigné par la culture familiale, par les parents, par les enseignants, je ne peux pas dire que ce n'est pas une œuvre d'art. J'aurais l'air ridicule. Donc, « Picasso, c'est beau ».*

– Tu n'as pas l'air très convaincue...

– *Certains tableaux, je les trouve affreux. Et puis, il y en a trop.*

– Je préfère que tu me dises ce que tu penses plutôt que de répéter ce que tu entends. Mais, tu vois, tu te réfères à un des critères que je définissais tout à l'heure : la reconnaissance par l'institution, les musées ou les critiques. Effectivement, les œuvres d'art se définissent aussi par la façon dont elles sont reconnues par ce qu'on appelle le « cercle d'initiés ».

– *Mais ce n'est pas pour cela que je verrai n'importe quelle œuvre d'art en me disant « c'est magnifique ». Les sculptures en bois qui étaient collées n'importe comment et exposées dans une salle du bas, j'ai trouvé cela absolument horrible.*

– Réfléchis, il y a des œuvres de peintres ou de sculpteurs – Van Gogh ou Rodin – à propos desquelles un jugement négatif était porté. Dans deux siècles peut-être, le jugement sera très différent. Tu n'en sais rien.

– J'ai du mal à imaginer qu'un objet courant aujourd'hui pourrait se retrouver dans un musée plus tard. Je ne peux pas considérer cela comme une œuvre d'art.

– Cela se produit pourtant à chaque époque. Et c'est pour cela que la question que tu posais tout à l'heure : « Qu'est-ce qu'une œuvre d'art, qu'est-ce qu'un artiste ? », est une question extrêmement difficile. Aujourd'hui, beaucoup expliquent l'œuvre d'art en disant que c'est de plus en plus une réflexion philosophique.

– C'est-à-dire ?

– Eh bien, l'œuvre d'art est celle qui fait réfléchir, qui interpelle le regard et qui, en captant le regard du visiteur, le conduit à se poser des questions auxquelles il n'aurait pas pensé. Tu connais Christo ?

– Oui, celui qui a « emballé » le Pont-Neuf.

– Exact. C'est un artiste qui enveloppe dans de grandes toiles des monuments ou des espaces naturels. Eh bien, quand il a emballé le pont, outre le travail technique remarquable que ça représentait, il a voulu cacher le Pont-Neuf, et il l'a choisi comme un objet qu'il nous a donné à voir. En le cachant, il nous l'a montré. De ce fait, on ne l'a plus vu de la même façon. Et en Allemagne, quand il a emballé le Reichstag, cela a été un événement considérable, parce que le Reichstag est un lieu symbolique. Tu sais que Hitler l'avait incendié, et nous avons toujours en tête les images à la fin de la guerre du Reichstag à Berlin sur lequel les Russes hissent un drapeau rouge. En l'emballant comme un objet, il l'a désacralisé. Il a accompli un acte artistique majeur, qui a été très contesté, mais qui a été extrêmement important dans la société allemande. Plus d'un million de personnes sont venues le voir ; son acte a eu pour conséquence de changer le regard des Allemands sur le Reichstag, et de lui donner une autre signification dans le Berlin d'aujourd'hui. L'acte artistique est devenu un acte politique. Aurait-on pu le reconstruire et l'utiliser à nouveau comme Parlement allemand si Christo n'avait pas fait ce qu'il a fait ?

– *Je n'avais pas pensé à cela.*

– Peut-être pas spontanément, mais tu ne peux pas ne pas te demander pourquoi il a fait cela. C'est pour cela que c'est une réflexion philosophique. D'ailleurs, les philosophes discutent beaucoup sur ce sujet, certains adoptent une position très traditionnelle, presque réactionnaire, mais cela prouve l'intensité des débats. L'artiste est celui qui révèle l'inconscient d'une société, ce qui est caché, ce à quoi on n'aurait pas forcément pensé sans lui. Quand je demande, par exemple à Cueco, le peintre, notre ami, quelle est sa définition de l'artiste aujourd'hui, il répond : « Est artiste celui qui se considère comme tel. » « Est œuvre d'art ce que l'autoproclamé artiste reconnaît comme telle et signe. » Évidemment, c'est une définition très large, et l'œuvre d'art, c'est ce que l'artiste définit comme œuvre d'art.

– *Oui, mais ça, c'est un peu facile.*

– C'est en même temps plus complexe que tu ne le crois. Cela signifie que n'importe quel objet peut devenir une œuvre d'art, dès l'instant qu'elle est montrée d'une façon différente.

– *Ce n'est pas pour autant que cela sera beau.*

– La définition du beau, c'est encore une autre question. Comment définir le beau ? Depuis Platon, le philosophe grec, chacun a essayé de définir la beauté, « l'œil de l'âme ». Ce qui est universel ? ce qui est naturel ? Tu vois bien que les critères de la beauté se sont modifiés depuis les Grecs. Le beau d'aujourd'hui n'est pas le beau d'autrefois. Cela dépend de la société et de l'époque dans lesquelles nous vivons ; c'est comme pour la mode. Tu peux trouver affreux la façon dont nous nous habillions quand nous avions ton âge, dans dix ans tu trouveras cela magnifique. Donc, les jugements, même sur la beauté, se modifient. Au début du siècle, la femme bien en chair était belle. Aujourd'hui, on la préfère plus élancée et sportive. Sans parler des coiffures !

– *Oui, mais quand on voit un coucher de soleil, c'est toujours beau.*

– C'est vrai. Pourtant, tu m'avais parlé de ta correspondante russe qui ne voyait pas ce que nous trouvions beau dans un coucher de soleil. Mais pour ce qui est de la représentation artistique, c'est autre chose. C'est très variable d'une époque à l'autre. C'est pour cela qu'aujourd'hui, comme hier, la démarche artistique passe par un apprentissage, par une réflexion, qui conduit souvent aux musées. Renoir disait déjà : « La peinture s'apprend au musée » ; je crois qu'il avait raison.

– *Mais alors, tout le monde peut être un artiste ?*

– Avoir une pratique culturelle n'est pas nécessairement être un artiste. Par exemple, tu fais du théâtre, tu as fait de la danse, ce n'est pas pour autant que tu es une actrice de théâtre ou une danseuse.

— *Moi, ce que j'aime dans le théâtre, c'est apprendre à m'exprimer, à respecter les autres, à écouter leurs différences dans le dialogue, à m'adapter à eux.*

— C'est superbe, ce que tu dis ! C'est exactement cela. Ce qui compte dans la pratique culturelle, c'est moins le résultat que le processus qui te conduit à t'initier à ces disciplines et qui te permet de t'exprimer sur une scène ou de te servir de ton corps, comme moi quand j'ai appris le piano. Jamais je ne serai un artiste. Mais avoir appris le solfège, savoir lire des partitions, avoir joué de la musique m'a ouvert un univers auquel je n'aurais pas eu accès autrement. L'artiste est quelqu'un qui sait faire partager sa vision du monde. Parce que tout le monde a sa vision du monde, mais tout le monde ne sait pas l'exprimer ou la montrer. Cela nécessite un certain talent. Hannah Arendt, philosophe contemporaine, disait à ce propos : « L'artiste est le producteur authentique des objets que chaque civilisation laisse derrière elle comme la quintessence et le témoignage durable de l'esprit qui l'anime. » Ce n'est pas si mal vu.

— *C'est vrai. J'entendais l'autre jour, dans le musée, des visiteurs dire : « Ça, c'est de la fumisterie, moi je pourrais faire la même chose. » En fait, je ne crois pas que cela soit vrai. D'abord, ce n'est pas si facile que ça. Et, en plus, si on les mettait tout seuls devant une toile, je ne sais pas très bien ce qu'ils réussiraient à faire. Imiter peut-être, créer c'est autre chose.*

— Tu as raison. C'est pour cela qu'on ne sait

pas exactement, quand on assiste ou participe à une démarche artistique, quel jugement sera porté sur cette œuvre, et comment elle sera interprétée plus tard. Finalement, l'artiste est aussi celui qui provoque la discussion. Il voit des choses que les autres ne voient pas, il a un regard singulier sur le monde qui l'entoure, il cherche parfois, pas toujours, à le communiquer aux autres. On dit parfois « il est fou ». Beaucoup d'artistes en effet, des poètes, des peintres, des musiciens éprouvent une tension intérieure particulière. Parfois, cette tension peut engendrer de la souffrance et les pousser au suicide. Ils sont en rupture avec le monde qui leur fait mal. Mais il n'est pas interdit qu'il y ait du plaisir. Une sorte de jubilation peut te saisir – et les saisit également, cela se voit – parfois au simple contact avec une œuvre quelle qu'elle soit, qu'il s'agisse d'un roman, d'un film, d'une poésie ou d'une œuvre d'art plastique. Ce qui procure un sentiment fort est essentiel dans l'art.

– *Moi, des sentiments forts, j'en ressens souvent, et pas devant des tableaux...*

– Heureusement, tu me rassures... Sur le fronton du Palais de Chaillot, il est aussi écrit cette phrase : « Ami, n'entre pas ici sans désir. » Ce que nous devons faire, nous, adultes, aussi bien dans ton environnement familial qu'à l'école, c'est susciter en toi le désir. Le désir d'apprendre, de connaître, de découvrir. Ensuite, tu feras ton chemin comme tu l'entends, à travers ce que tu auras appris ici ou là par tes amis, ta famille, tes professeurs, tes rencontres. Il faut t'ouvrir l'esprit pour que, peu à peu, tu prennes conscience de ce que l'homme a voulu exprimer. Et ce que fait l'artiste aujourd'hui, c'est justement être le médiateur entre une certaine interprétation du monde et nous-mêmes.

– *Papa, pour toi c'est facile de dire cela ; forcément, tu t'occupes de culture. D'une certaine façon, pour moi aussi, c'est facile, puisque tu m'emmènes dans les musées ou écouter de la musique. Mais tout le monde ne peut pas avoir accès de la même façon à la vie culturelle.*

– C'est vrai. Là, tu poses une autre question, compliquée, elle aussi, qui est : Comment rendre la culture accessible à tous ?

– *Dans mon collège, certains élèves moins favorisés sur ce plan n'ont pas les moyens ni même l'idée de s'intéresser à tout cela. Même si les professeurs disent la même chose à tout le monde, pour eux, c'est plus difficile.*

– Tu disais pourtant que vous apparteniez tous à la même culture, la « culture jeune » et que c'était un élément fédérateur entre toi et tes amis.

– *C'est vrai pour la musique, les vêtements, le cinéma, les jeux vidéo. Mais je vois bien que cela ne suffit pas et qu'il faut apprendre autre chose. Pour la culture des parents, la culture des profs, les livres, les pièces de théâtre, la musique classique, c'est différent.*

– Tu vois, ce que tu dis là, c'est une distinction fondamentale. Tu as entendu parler de Karl Marx ?

– *Heu, non.*

– Eh bien, Karl Marx a proposé une analyse de la société en la définissant essentiellement en termes de luttes entre les classes sociales. Sa théorie politique a donné naissance au communisme. Pour lui, la distinction fondamentale entre classes sociales au sein de la société vient des inégalités dans la répartition des richesses et de l'accumulation du capital. Marx précise que la force d'un groupe social, c'est d'imposer sa culture à l'autre. De l'imposer ou en tout cas d'en faire un élément de référence dans la société. Il y a donc une culture ouvrière ou populaire, et une culture bourgeoise, appelée aussi culture élitiste.

– *La culture élitiste ?*

– La culture élitiste, c'est celle qui est réservée à une élite, c'est-à-dire à un petit groupe de gens qui sont particulièrement éduqués, qui ont les ressources financières et intellectuelles de dominer et de diriger la société, et donc qui seuls peuvent avoir accès à certaines formes d'expression artistique : certains livres, certains auteurs un peu difficiles, un certain type de musique, certains peintres. Bref, ce sont les plus favorisés dans la société. Par rapport à la culture populaire ou à la culture ouvrière, cela introduit selon Marx des façons d'être, de s'habiller, de rire ensemble, de manger, de se tenir à table, de faire la fête, qui sont complètement différentes selon l'appartenance à l'un ou l'autre groupe. Pour lui, c'est la relation entre la culture dominante et la culture dominée, qui elle-même prend appui sur différentes classes sociales, qui est la distinction fondamentale dans la société. Cette distinction – nous en avons parlé – existe également entre les pays. Cela ne signifie pas qu'il n'y a pas d'artistes issus des classes populaires, au contraire ! Peintres, écrivains, poètes, sculpteurs, cinéastes, musiciens, viennent de tous les milieux, ils expriment des choses différentes, c'est tout.

– *Au collège, je ressens bien ces différences. Marx a raison.*

– Sur l'analyse, sûrement. On n'a jamais trouvé

encore d'analyse plus intéressante et plus forte pour expliquer les distinctions entre deux groupes sociaux que celle qui repose sur les classes sociales, même si cette analyse était plus juste au XIXe siècle que dans les sociétés post-industrielles. Le problème, c'est que le marxisme dont s'est inspiré Lénine notamment, Engels, enfin tous ceux qui ont créé le communisme à partir du début du siècle et qui a donné lieu à la Révolution de 1917 en Russie…

– *Oui, oui, je connais, j'ai appris cela en histoire cette année.*

– … Donc, en s'appuyant sur cette analyse marxiste, Marx, Engels et Lénine, puis Staline, ont voulu établir la dictature du prolétariat pour mettre fin à la domination de la bourgeoisie. Pour ce qui concerne la culture, cela veut dire que seule la culture du prolétariat et de ses représentants est considérée comme légitime et officielle. D'où le fait que l'État, le Parti communiste, expressions de la classe ouvrière du temps du bloc de l'Est, ont fait preuve d'une tyrannie culturelle qui a eu des conséquences souvent dramatiques.

– *Lesquelles ? C'est ce qui a conduit au goulag ?*

– Jusqu'à l'arrivée de Staline, il y a eu une grande effervescence culturelle en Union soviétique. Cinéma, poésie, peinture, littérature, musique, le pays a explosé d'une joie libératrice et créatrice. Après, la conception stalinienne a conduit à supprimer la liberté de s'exprimer et de créer. Ceux qui ne pensaient pas comme le décidait le Parti communiste étaient soit obligés de quitter leur pays, soit, effectivement, envoyés au goulag, c'est-à-dire dans des camps de concentration, et ils y perdaient toute possibilité de s'exprimer. Mais le goulag n'était pas seulement lié à la vie culturelle, c'était aussi un lieu d'enfermement pour tous ceux qui, politiquement, étaient considérés comme des ennemis du régime.

– Et qui décidait de ce qui était bien et de ce qui n'était pas bien ?

– Les représentants du Parti communiste, et aussi le ministre de la Culture qui décidait des peintres, des livres, des pièces de théâtre ou de la musique que l'on pouvait ou que l'on ne pouvait pas autoriser. Tout ce qui ne glorifiait pas la classe ouvrière et la patrie était interdit. On est passé de l'avant-gardisme au réalisme soviétique. C'est le cas notamment dans le cinéma. On le voit en visionnant les grands films soviétiques, surtout après l'arrivée de Staline au pouvoir. Ce sont toujours des films qui exaltent la classe paysanne, la classe ouvrière, les travaux des champs, et qui n'évoquent jamais ce qui peut être représentatif de la bourgeoisie ou des classes moyennes. Il y avait aussi une volonté d'exalter les traditions locales, les cultures et les langues régionales, pour éviter une culture moderne éventuellement critique. Et, dans le même mouvement, supprimer la religion et même la culture familiale pour donner naissance à un homme nouveau, l'homme soviétique, qui ferait le bonheur de l'humanité, parce qu'il n'y aurait plus qu'une seule classe sociale, celle des travailleurs, donc plus de distinction entre dominants et dominés.

– C'est pour cela que beaucoup d'artistes sont venus en France ?

– Oui. Pas seulement en France, mais aussi en Allemagne, aux États-Unis, des peintres comme Chagall et Soutine, des poètes comme Marina

Tsetaïeva, ou d'autres qui se sont suicidés, comme Maïakovski en 1930, et beaucoup d'autres encore qu'on redécouvre aujourd'hui peu à peu. Ils étouffaient, en raison de la suppression totale des libertés, donc de la liberté de créer, de s'exprimer. La dictature du prolétariat s'est transformée en dictature de Staline et du Parti communiste. Quant à ceux qui étaient allés en Allemagne, ils ont dû repartir, mais cette fois-ci à cause du nazisme.

– *Parce qu'ils étaient juifs ?*

– La plupart, mais pas seulement parce qu'ils étaient juifs. Parce que, pour les nazis, seuls la glorification de la race aryenne et le culte du chef, c'est-à-dire de Hitler, étaient légitimes. Les nazis ont donc condamné, exilé, brûlé toutes les manifestations de ce qu'ils qualifiaient d'« art dégénéré », même s'il y a eu quelques artistes intéressants qui, dans ce cadre, ont pu exprimer des talents originaux. Mais ce sont des exceptions.

– *Mais alors, ils faisaient comme les communistes ?*

– D'une certaine façon, les deux idéologies se sont rejointes dans une vision totalitaire de la société pour condamner ce qui était déviant par rapport à la doctrine officielle décidée par le parti, que ce soit le Parti communiste ou le parti nazi. Dans les deux cas, cela a conduit à la suppression de la liberté de la presse de publier ce qu'on voulait dans les livres, de la liberté de peindre et même de composer de la musique, de choisir et d'exprimer sa culture. Toutes les cultures minoritaires en Union soviétique ont été écrasées, mais aussi pour des raisons économiques, parce que cela permettait au pouvoir central de se servir des richesses des différentes républiques qui composaient l'Union soviétique. D'où, aujourd'hui, leur revendication de liberté et d'identité. Tu vois bien que le propre de l'artiste est d'être libre et souvent déviant, provocateur par rapport à la société. « L'art est une crise perpétuelle », dit Jean-François Lyotard, un philosophe. C'était inacceptable et c'est pour cette raison que des écrivains comme Soljenitsyne, ou des savants comme Sakharov, ont été envoyés au goulag ou exilés.

– *Mais ils se sont privés de leurs artistes, cela a été catastrophique pour eux ?*

– Oui. Les artistes sont tous partis ou ont été réduits au silence, quand ils n'ont pas été tués. Cela a été une catastrophe pour la Russie et l'Allemagne. Tous ces talents, des savants comme Einstein ou Freud, des écrivains autrichiens ou allemands comme Stefan Zweig, qui étaient juifs, ont été obligés de partir. Les idéologies totalitaires n'aiment pas les artistes, elles les trouvent trop libres, ils font réfléchir le peuple, alors que les dictateurs lui demandent de suivre sans réfléchir. Plus récemment au Chili, en 1973, Pinochet s'est attaqué au grand poète Pablo Neruda et a fait saccager sa maison, brûler sa bibliothèque : il en est mort.

– *Pinochet, celui qui a été arrêté à Londres ?*

– Oui, il a enfin été arrêté à Londres, où il était en voyage, l'an dernier, mais n'a pas été jugé. J'espère qu'il le sera un jour, au Chili, par ceux qu'il a torturés et emprisonnés. Mais tu vois, cela pose le problème de ce qui doit être fait dans un pays pour que les artistes puissent créer et que tout le monde ait accès à la culture. Ta question renvoyait à cela, je crois. Bien entendu, si tout le monde est d'accord pour refuser les régimes totalitaires, tout le monde n'est pas d'accord sur le degré de liberté que l'on doit accorder aux artistes dans une société. Et le rapport de l'artiste avec le pouvoir n'est jamais simple. Certains s'engagent et lient leur art à un combat politique qui reflète leur vision de la société. « L'engagement de l'artiste, c'est sa liberté », disait Sartre. D'autres refusent de tenir compte du fait politique et s'entendent avec le pouvoir quel qu'il soit, ou l'ignorent. Entre ces deux attitudes, il y a d'innombrables nuances. Même dans les pays totalitaires, la question est complexe. En Union soviétique ou en Allemagne, certains ont pactisé avec le régime pour continuer à exercer leur art. D'autres s'y sont toujours refusés. L'artiste doit-il être engagé dans les grands combats de son époque ? C'est aussi une question fondamentale.

– *Mais, toi, quelle est ta réponse ?*

– Je pense que l'artiste est d'abord un révolté. C'est sa fonction dans la société. Mais il faut se garder de tout jugement hâtif, le problème est difficile. L'artiste ne crée pas dans une bulle. Le monde extérieur l'influence. Il l'exprime à sa façon. Certains ne conçoivent pas d'être en dehors des combats pour les libertés. Ils ont raison, je crois, même si chacun est libre de se définir comme il l'entend. D'autres s'en moquent et travaillent seuls, sans se préoccuper du reste. Dans les pays démocratiques, tout le monde est d'accord pour laisser leur autonomie aux artistes. Évidemment, parfois, cela gêne le pouvoir et il y a des tentatives pour empêcher ou faire en sorte que les artistes ne puissent pas s'exprimer, même si ce n'est pas fait d'une façon aussi brutale que cela a été réalisé sous les nazis ou sous Staline. Dans les pays non démocratiques, le pouvoir restreint la liberté de s'exprimer, de critiquer, de créer. La censure est de règle. Mais selon les époques, l'État démocratique peut aussi censurer. Voltaire et Diderot ont été censurés au XVIIIe siècle, comme Jean Genet l'a été au XXe, en France. Et même un film tiré d'une œuvre de Diderot, *La Religieuse*, parce qu'elle mettait en scène l'homosexualité féminine, a été interdit il y a une trentaine d'années !

– Mais, aujourd'hui, en France, ce n'est plus possible ?

– En France, la question de la liberté d'expression et de la création est un des principes fondamentaux de la République, ce qui ne veut pas dire que tout doit être autorisé, je pense à la mise en scène de la violence ou de la pédophilie par exemple. Et il faut toujours être vigilant. Il y a eu des retours en arrière, sous Vichy, par exemple. Et puis, il n'y a pas que le pouvoir politique qui peut censurer. Il y a aussi le pouvoir économique. Si l'on se fie seulement à la loi du marché, seuls les biens culturels rentables sont proposés aux consommateurs, ce qui restreint l'offre à quelques titres de livres, quelques films à grand spectacle, etc. La dictature du marché peut être plus dangereuse que celle de l'État, quand il représente vraiment l'intérêt général. C'est un débat vif avec les Américains, notamment. En France, l'État, et donc le ministère de la Culture qui le représente, a trois rôles essentiels. D'abord, la conservation du patrimoine, on en a parlé à plusieurs reprises, bien sûr dans le domaine architectural – les châteaux, les bâtiments anciens –, mais aussi en ce qui concerne les archives, toutes les traces écrites de notre histoire. Pour les livres, c'est le rôle de la Bibliothèque nationale et des bibliothèques publiques, par exemple.

Pour les œuvres d'art, c'est le rôle du Louvre et de tous les musées de France. Pour le cinéma, les cinémathèques, etc. Ça, c'est le premier point.

Ensuite, le soutien à la création, c'est-à-dire aux artistes, pour faire en sorte qu'ils aient les moyens de créer. Attribuer des studios aux peintres, des subventions aux acteurs ou aux troupes de théâtre, aider les jeunes compositeurs ou les sculpteurs en leur passant des commandes, financer les premiers films, inciter à de nouvelles formes, s'intéresser à la mode, à la cuisine, etc.

– *C'est chouette !*

– Oui, mais c'est parfois très critiqué. Pour certains, la culture doit être limitée aux beaux-arts, et ceux-là pensent que l'État ne doit pas se mêler de tout. Pour eux, tout n'est pas culturel.

– *Cela fait plusieurs fois que tu parles des beaux-arts. Qu'est-ce que c'est ?*

– Les beaux-arts ? A l'origine, le mot « art » vient du latin *ars* et signifie la façon d'être, l'activité humaine. De là viendra le mot français « art », puis « artisan », celui qui exerce un métier. On dit des médecins qu'ils pratiquent l'art de la médecine. A partir du XVIIIe siècle, et surtout au XIXe, les beaux-arts deviennent associés aux techniques de la beauté : peinture, sculpture, poésie, musique, jusqu'au cinéma appelé « septième art » sans que l'on sache exactement quels étaient les six autres…

– *Ce n'est pas très précis !*

– Non, parce que les mots ont évolué avec les époques, et les contenus aussi. Au Moyen Age, par exemple, la rhétorique, c'est-à-dire l'art de s'exprimer, était considérée comme un art et le fondement de la culture d'un honnête homme. Tu vois, c'est une conception plus restrictive que celle du ministère de la Culture : conservation du patrimoine, soutien à la création, ce sont les deux premières missions. La troisième est précisément ce dont nous parlions précédemment, la démocratisation de la culture. Par exemple, quand Jean Vilar, grand homme de théâtre, a créé le Festival d'Avignon et le Théâtre national populaire, ou Malraux les Maisons de la culture, c'était pour que tout le monde en profite à des prix très bas. Les Journées du Patrimoine, qui ont beaucoup de succès, permettent à tous de visiter des lieux historiques inhabituels.

– *Ça paraît simple…*

– Oui, cela paraît simple. Mais il faut voir quelles priorités on choisit et quels moyens financiers on leur consacre. Il s'agit également de déterminer quelles structures, quelle reconnaissance, quels moyens de diffusion, quel statut ? Et, enfin, comment l'État organise cette aide et sur quels critères il la juge. Là, c'est plus compliqué. L'intervention de l'État est une tradition depuis les rois de France. Le Collège de France date de François Ier, et l'Académie française, de Richelieu. Louis XIV a amplifié cette action en faveur du soutien aux arts quand il a demandé à Molière d'écrire des pièces de théâtre – et créé la Comédie-Française –, à Lully de composer de la musique pour la cour, à Racine et à Corneille d'écrire des tragédies, à Le Nôtre de dessiner des jardins. C'est lui qui décidait, seul, des critères.

– *Et la révolte ?*

– C'est vrai, c'était plutôt de l'art officiel… Mais l'Histoire réserve parfois des surprises. Et le XVIIe fut un siècle magnifique pour l'art français. Cela dit, Molière comme Marivaux plus tard étaient des révoltés, même s'ils jouaient devant le roi. En tout cas, dès cette époque, l'État a joué un rôle très important. Ce qui n'est pas le cas pour les pays anglo-saxons, surtout les États-Unis, qui considèrent que c'est aux entreprises et aux particuliers de donner des fonds pour la culture, pas à l'État. Et en Allemagne, ce sont les régions, les *Länder*, qui jouent ce rôle. C'est différent en France, même si aujourd'hui ce n'est plus ni le président de la République ni le ministre qui décident seuls. Ce sont souvent des commissions de professionnels, d'experts compétents dans leur domaine. Tu sais quand a été créé le ministère de la Culture ?

– *Non.*

– En 1959.

– *Ah bon ! Si tard que cela ?*

– Oui, c'est de Gaulle qui a créé le ministère de la Culture et qui l'a confié à Malraux, un très grand écrivain et un résistant. Cela fait quarante ans, ce n'est pas très long effectivement, même si l'État avait eu une très grosse influence auparavant. Et dans la mission du ministère de la Culture tel qu'il a été créé à l'époque, on lit : « Rendre accessibles les œuvres capitales de l'humanité au plus grand nombre possible de Français, assurer la plus vaste audience à notre patrimoine culturel et favoriser la création des œuvres de l'art et de l'esprit qui l'enrichissent. »

– *Donc, en France, cela marche bien.*

– Disons qu'en France il y a une tradition culturelle très forte du fait de son histoire et de la richesse de son patrimoine artistique. Depuis le siècle des Lumières, la France considère qu'elle a une mission civilisatrice, un devoir culturel envers les autres pays. Cela fait sourire ou agace.

– *Normal ! C'est de l'orgueil !*

– C'est ce qui est dit parfois. La France envisage presque toujours sa mission comme étant universelle. Les autres pays, y compris les pays européens, n'ont pas la même vision de leur rôle. La France a une politique culturelle extérieure très active.

– *Une politique culturelle extérieure ?*

– Eh bien, c'est la présence dans tous les pays du monde de centres culturels français, d'instituts culturels, de lycées français, tout un réseau d'Alliances françaises pour faire apprendre notre langue, pour montrer ce qui se fait dans le domaine artistique, pour faire venir des conférenciers, des archéologues, tout ce qui permet de montrer la vitalité de la culture française. C'est une des missions du ministère des Affaires étrangères.

– *Oui, mais moi, je trouve que le plus important, c'est la langue.*

– C'est un sujet fondamental. En Afrique ou au Québec, on parle français. La francophonie est aujourd'hui un élément de reconnaissance, un lien qui s'établit entre tous les pays « qui ont la langue française en commun ».

– *C'est-à-dire ?*

– Eh bien, cela concerne toutes les anciennes colonies d'Afrique, les pays d'Afrique du Nord et tous ceux qui pour des raisons historiques – je pense au Québec, au Vietnam – ont été sous sa dépendance politique. C'est un combat très vif par exemple pour les Québécois, au Canada, en Amérique du Nord. Ils veulent maintenir leur culture québécoise, qui est d'ailleurs une culture très forte, pour ne pas être complètement dilués dans un ensemble nord-américain où on ne parle qu'anglais.

– Ils ont raison. Tout le monde ne peut pas parler la même langue. Mais aussi, c'est bien qu'il y ait une langue universelle.

– Oui, mais il faut aussi pouvoir créer dans sa langue. C'est ce que veulent les Québécois quand ils chantent, font des films ou du théâtre en français.

– Et le mouvement de démocratisation culturelle dont tu me parlais, est-ce qu'il a réussi ? Moi, je n'ai pas l'impression quand je repense à mon collège.

– C'est vrai, tout le monde n'a pas forcément les mêmes facilités. Quand on regarde les chiffres aujourd'hui, il y a trois Français sur quatre qui ne vont jamais dans les musées, un Français sur deux qui ne va pas au théâtre et un Français sur trois qui ne lit pas un livre par an ; donc tu vois, il y a encore beaucoup à faire. Et il faut toujours continuer à se battre, à donner des moyens, à trouver de nouvelles formules, de nouvelles propositions pour avancer. Rien n'est jamais acquis. Il faut inventer. C'est un des axes majeurs de la politique actuelle du gouvernement, mais aussi des villes, des départements, des régions, qui jouent un rôle essentiel.

– La Fête de la musique, par exemple, c'est une idée nouvelle ?

– La Fête de la musique a été créée par Jack Lang et Maurice Fleuret en 1981, et les crédits du ministère d'alors ont été doublés par François Mitterrand. Cette fête était effectivement une bonne initiative, une façon de populariser toutes les musiques et d'encourager la pratique culturelle. Il est très important aussi que chacun puisse recevoir un enseignement artistique, par exemple apprendre la musique à l'école et dans les conservatoires de musique.

– Oui, mais justement, à l'école, les cours de

musique et de dessin sont souvent des cours sacrifiés.

– Eh bien, c'est une erreur. Il est indispensable, non seulement d'accéder à des connaissances, mais aussi de s'ouvrir aux disciplines artistiques. Maîtriser un instrument de musique, quoi de plus beau ? Souviens-toi, « le jardin des connaissances »… Le soutien aux créateurs, aux artistes compte autant que l'enseignement et l'éducation dans le domaine artistique. D'ailleurs, si on ne sème pas, on ne récolte rien. Tu vois, nous en revenons au point de départ : la culture, les semailles, les moissons. Le jardin des connaissances. Terminer sur la nécessité de l'éducation artistique, et plus généralement de l'apprentissage et de l'ouverture sur ce que l'on ne connaît pas, ça me plaît.

Tous les deux ensemble, nous avons cherché une définition de la culture. Il y en a beaucoup. Mais elle est peut-être là, dans cette curiosité de l'esprit, dans une soif d'apprendre et de comprendre qui doit permettre à l'homme d'exprimer ses sentiments et de transcender sa condition de mortel. Parce qu'il a peur de la mort. L'art l'aide à oublier le temps et lui donne la possibilité de transmettre dans une recherche intime, profonde, ce qu'est sa condition humaine. On écrit, on peint, on vit avec ses sentiments pour se survivre. Et la culture, qui ordonne l'esprit et façonne la personnalité, est au service de l'homme, avec ses forces et ses faiblesses. C'est pour cette raison qu'elle ne peut être considérée comme une marchandise, au même titre que d'autres biens de consommation courante. Cette question est actuellement discutée. Elle est au cœur des négociations internationales.

La culture est une des plus belles – sinon la plus belle – activités humaines. Elle est la plus désintéressée. C'est pour cela qu'il faut en prendre soin. Dans un univers menacé par l'uniformisation marchande, elle est la part irréductible des sociétés qui veulent rester fidèles à elles-mêmes.

– *Bon. On pourrait peut-être arrêter là, non ?*
– Tu en as assez ?
– *Pour des vacances, nous avons assez travaillé, tu ne crois pas ?*

DU MÊME AUTEUR

Un homme en quête de vertu
Grasset, 1992

Lettres à Bérégovoy :
chronique du mois de mai 1993
Calmann-Lévy, 1993

RÉALISATION : PAO ÉDITIONS DU SEUIL
IMPRESSION : NORMANDIE ROTO S.A. - 61250 LONRAI
DÉPÔT LÉGAL : MARS 2000. N° 39588 (00-0135)